财报就这么简单

【全彩图解版】

陈 光◎著

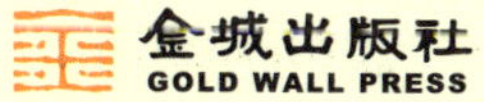

图书在版编目（CIP）数据

财报就这么简单 / 陈光著. — 北京 : 金城出版社,
2017.7
ISBN 978-7-5155-1487-1

Ⅰ. ①财… Ⅱ. ①陈… Ⅲ. ①会计报表–基本知识
Ⅳ. ①F231.5
中国版本图书馆CIP数据核字（2017）第138588号

财报就这么简单

作　　者：陈　光
责任编辑：李铁武
开　　本：880毫米×1230毫米 1/32
印　　张：6
字　　数：200千字
版　　次：2017年8月第1版　2018年2月第4次印刷
印　　刷：三河市腾飞印务有限公司
书　　号：ISBN 978-7-5155-1487-1
定　　价：42.00元

出版发行　金城出版社　北京市朝阳区利泽东二路3号　邮编：100102
发 行 部　(010)84254364
编 辑 部　(010)64391966
总 编 室　(010)64228516
网　　址　http: //www.jccb.com.cn
电子邮箱　jinchengchuban@163.com
法律顾问　陈鹰律师事务所　(010)64970501

目录

第3章 快速掌握资产负债表

第4章 快速掌握现金流量表

第5章 快速掌握所有者权益变动表

第6章 快速透视企业的赚钱能力

第7章 快速判断企业的经营效率

第8章 快速理解偿债能力

第9章 快速熟悉财务结构

第10章 整体财务分析

第11章 避开财务陷阱

如何使用本书

这是一本专门为财务知识零基础的初学者而编写的实用财务报表书。本书总共十一章，以期初学者能够由浅及深、循序渐进地轻松掌握财务报表的相关知识。

为使初学者轻松掌握财务知识，本书特意将复杂的知识简单化。在内容上，尽量将专业的财务知识通俗化；在页面设计上，完全采用简单明了的学习界面，配以图解辅助解释复杂的概念。另外，本书还配有大量与财务知识相关且趣味性十足的小故事，可以让你学习兴趣倍增。总之，拥有此书，所有财务知识你将轻松掌握。

大标题

每个篇章都有几个大标题，大标题揭示该篇要学习的知识。每个大标题为初学者揭示了一个知识要点。

前言 引文

对将要学习的知识要点给予简明精要的说明，并对其重要性及其影响因素做说明。

Step-by-step

以简单的分步形式对概念或公式进行解说，使初学者可以轻松地学习和掌握。

小故事

每篇都有几个与大标题相关的事件或财务小故事，增加初学者的学习兴趣。

6

营业利润率

营业利润是指营业毛利扣除营业过程中的费用后所产生的利润。营业利润率则是营业利润占营业收入的百分比，又称作营业净利率。营业利润率越高表示公司运营状态中支出费用越少，也就是公司主营业务的赚钱能力越强。

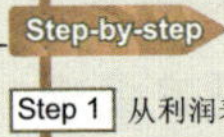

Step 1 从利润表中找出营业利润及营业收入总额的数据。

Step 2 将其输入以下公式，即可算出营业利润率。

$$\frac{营业利润}{营业收入总额} \times 100\% = 营业利润率$$

小故事

某公司 2006 年第三季度的营业利润为 341 万元，销售收入总额为 1621 万元，那么它的营业利润率计算如下：

$$\frac{341（万元）}{1621（万元）} \times 100\% = 21\%$$ 营业利润率

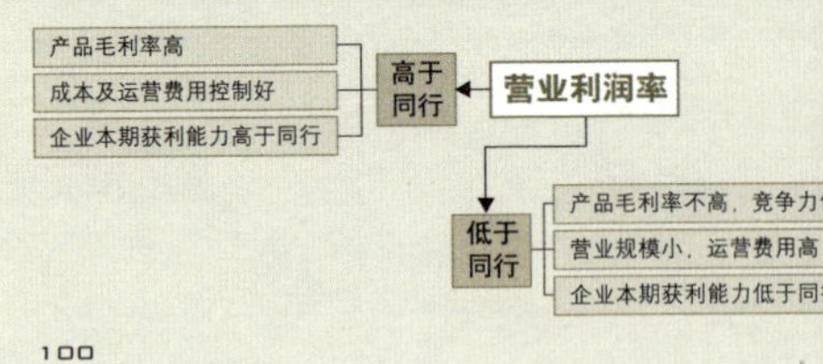

100

颜色区别

为方便学习者随时随地迅速地查阅相关知识，本书不同的篇章采用不同的颜色予以标示。

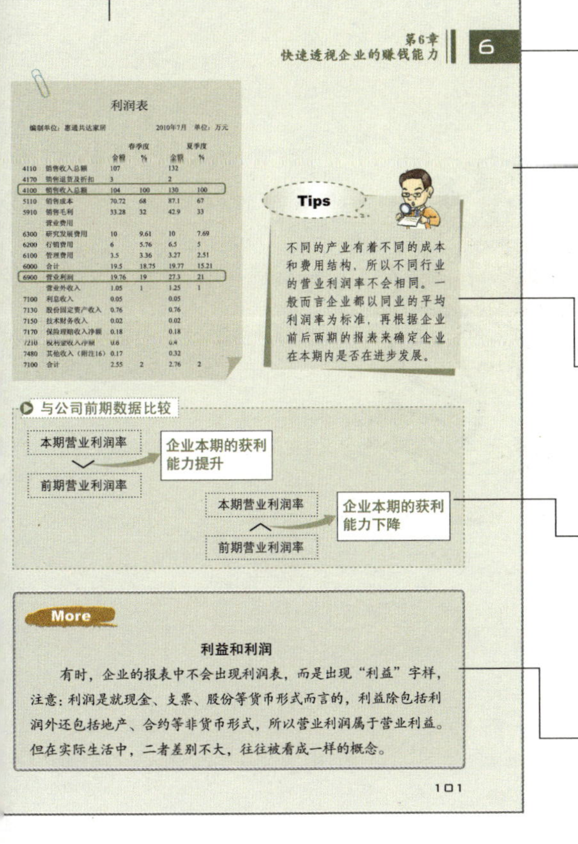

第6章
快速透视企业的赚钱能力 6

利润表

编制单位：惠通共达家居　　2010年7月　单位：万元

		春季度		夏季度	
		金额	%	金额	%
4110	销售收入总额	107		132	
4170	销售退货及折扣	3		2	
4100	销售收入总额	104	100	130	100
5110	销售成本	70.72	68	87.1	67
5910	销售毛利	33.28	32	42.9	33
	营业费用				
6300	研究发展费用	10	9.61	10	7.69
6200	行销费用	6	5.76	6.5	5
6100	管理费用	3.5	3.36	3.27	2.51
6000	合计	19.5	18.75	19.77	15.21
6900	营业利润	19.76	19	27.3	21
	营业外收入	1.05	1	1.25	1
7100	利息收入	0.05		0.05	
7130	股份固定资产收入	0.76		0.76	
7150	技术财务收入	0.02		0.02	
7170	保险理赔收入净额	0.18		0.18	
7210	权利金收入净额	0.6		0.4	
7480	其他收入（附注16）	0.17		0.32	
7100	合计	2.55	2	2.76	2

Tips

不同的产业有着不同的成本和费用结构，所以不同行业的营业利润率不会相同。一般而言企业都以同业的平均利润率为标准，再根据企业前后两期的报表来确定企业在本期内是否在进步发展。

与公司前期数据比较

More

利益和利润

有时，企业的报表中不会出现利润表，而是出现“利益”字样，注意：利润是就现金、支票、股份等货币形式而言的，利益除包括利润外还包括地产、合约等非货币形式，所以营业利润属于营业利益。但在实际生活中，二者差别不大，往往被看成一样的概念。

101

篇名

本书的十一个篇章为初学者解决十一个主要的财务问题，每篇解决一个财务问题。

图标索引

本书专门将每篇中的所有大标题或关键词列于该篇中的此位置，读者可根据颜色标示知道当前阅读的主题。

Tips

一针见血地指出需要注意的事项，提供一些经验诀窍或相关建议。

图解

为了让读者可以一目了然地理解书中概念，本书运用逻辑拆解法将概念间的关系做成图表分析的形式。

More

对前文无法详细说明的重要内容，在此进行详细说明。

第1章

为什么要懂财务报表

财务报表就像企业的一张脸，里面的数字往往能够反映出企业的经营状况。因此，看懂财务报表可以使企业管理者正确地把握企业目前的各方面状况，从而做出正确的决策；对于投资者、贷款者或者家庭理财者，看懂财务报表可以引导其走上正确的投资之路，从而减少投资风险。

本章教你：

- ▶ 哪些人需要懂财务报表？
- ▶ 为什么看懂财务报表很重要？
- ▶ 从财务报表中可以看出什么信息？
- ▶ 轻松看懂财务报表。

哪些人需要懂财务报表

如今社会早已逐渐步入商业社会，经济与每个人都变得密不可分，那些认为只有大老板或者财务工作者才需看财务报表的观点已经过时了。其实我们每个人都需要能看懂财务报表。因为看懂财务报表不但可以让我们了解你所在公司的发展前景，而且可以为我们提供获取财富的机会。

需要懂财务报表的人

老板

财务报表反映了一个公司的经济状况，它能显示出公司的实际营业额、有没有坏账、存货量如何、经理人的效益如何等。了解了这些，作为老板就可以采取措施提前预防资金周转方面的问题。

企业主管

分析财务报表，可以更清楚地了解公司在运营方面的优势以及弱势，以便企业主管人员拟订更加适合市场和公司定位的运营策略，以达到提升公司营业额的目的。

上班族

懂得财务报表，作为上班族就能够分析出所就职公司的发展前景是否良好，公司过去的盈余是否能够支撑公司度过眼前的经济危机，公司最近会不会有减薪裁员的可能性，公司是否濒临破产或倒闭，今年自己有没有加薪的可能性，年终奖金能否达到自己期望的额度，从而自己做出正确的判断和选择。

股票族

财务报表是一个公司发展好坏的晴雨表，一个公司的经营状况、发展前景等尽在这个公司的财务报表中，因此，如果你是股票族，懂财务报表将对你选择股票大有帮助。能读懂财务报表，你不但可以规避股票中的垃圾股，而且还有机会选到股票中的黑马。

债权人

作为债权人借钱给一家公司，最担心的问题是这家公司获利能力如何、偿还债务能力如何、对外所欠债务多不多等，这些直接关系到自己的投资是否能如期归还。而想得到以上问题的答案，只需把这家公司的财务报表拿来就可以了。因为你通过分析想借钱公司财务报表里的相关数据，以上问题就不再是问题了。

一家之主

想做好家里的“财政大臣”，一家之主要做的就是保持家庭收支平衡，如家中储蓄是否够近期家人的花费，用于医疗、教育和养老的费用是否合理等。如果你懂财务报表，你将会很轻易地做到。

小故事

有位名人曾经说过:“财富可以成为一件宝物，因为它意味着权利，意味着安逸，意味着自由。”经济学大师瑟罗也说过:“在尊贵平凡的顺序上,经济一直是个重要的指标,而且正日渐成为唯一的指标。”比尔·盖茨稳居《福布斯》榜首13年，之后由股神巴菲特取而代之。巴菲特之所以能够成功，与他看了大量的财务生产进度报表有着不可分割的关系。

你想成为一个成功的人吗？你想拥有财务自由吗？要想不上班还能维持生活并增加财富，不但需要创业，更需要学会理财。当然，会理财就要学会看财务报表。

需要看懂哪些财务报表

财务报表亦称对外会计报表，包括利润表、资产负债表、现金流量表或称财务状况变动表、所有者权益变动表、附注和会计师查核报告。主要的财务报表有四种，它们分别是利润表、资产负债表、现金流量表和所有者权益变动表。

利润表

利润表反映的是企业在一定会计期间的经营成果的报表，有月度、一季度、半年和一年的利润表。从利润表中我们可以看出：

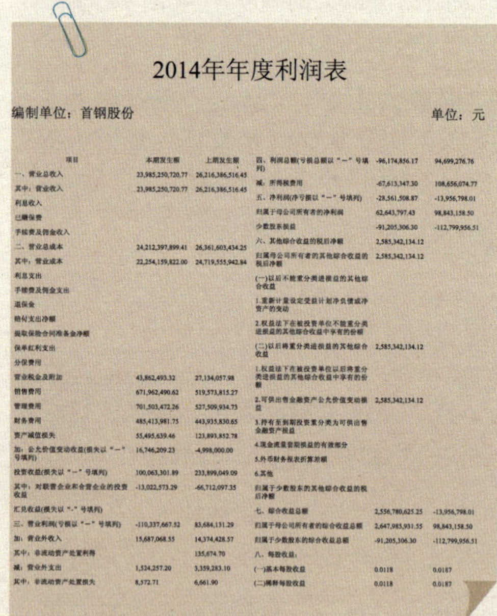

2014年年度利润表

编制单位：首钢股份　　　　单位：元

项目	本期发生额	上期发生额
一、营业总收入	23,985,250,720.77	26,216,386,516.45
其中：营业收入	23,985,250,720.77	26,216,386,516.45
利息收入		
已赚保费		
手续费及佣金收入		
二、营业总成本	24,212,397,899.41	26,361,603,434.25
其中：营业成本	22,254,159,822.00	24,719,555,942.84
利息支出		
手续费及佣金支出		
退保金		
赔付支出净额		
提取保险合同准备金净额		
保单红利支出		
分保费用		
营业税金及附加	43,862,493.32	27,134,057.98
销售费用	671,962,490.62	519,573,815.27
管理费用	701,503,472.26	527,509,934.73
财务费用	485,413,981.75	443,935,830.65
资产减值损失	55,495,639.46	123,893,852.78
加：公允价值变动收益(损失以“—”号填列)	16,746,209.23	-4,998,000.00
投资收益(损失以“—”号填列)	100,063,301.89	233,899,049.09
其中：对联营企业和合营企业的投资收益	-13,022,573.29	-66,712,097.35
汇兑收益(损失以“-”号填列)		
三、营业利润(亏损以“—”号填列)	-110,337,667.52	83,684,131.29
加：营业外收入	15,687,068.55	14,374,428.57
其中：非流动资产处置利得		135,674.70
减：营业外支出	1,524,257.20	3,359,283.10
其中：非流动资产处置损失	8,572.71	6,661.90
四、利润总额(亏损总额以“—”号填列)	-96,174,856.17	94,699,276.76
减：所得税费用	-67,613,347.30	108,656,074.77
五、净利润(净亏损以“—”号填列)	-28,561,508.87	-13,956,798.01
归属于母公司所有者的净利润	62,643,797.43	98,843,158.50
少数股东损益	-91,205,306.30	-112,799,956.51
六、其他综合收益的税后净额	2,585,342,134.12	
归属母公司所有者的其他综合收益的税后净额	2,585,342,134.12	
(一)以后不能重分类进损益的其他综合收益		
1.重新计量设定受益计划净负债或净资产的变动		
2.权益法下在被投资单位不能重分类进损益的其他综合收益中享有的份额		
(二)以后将重分类进损益的其他综合收益	2,585,342,134.12	
1.权益法下在被投资单位以后将重分类进损益的其他综合收益中享有的份额		
2.可供出售金融资产公允价值变动损益	2,585,342,134.12	
3.持有至到期投资重分类为可供出售金融资产损益		
4.现金流量套期损益的有效部分		
5.外币财务报表折算差额		
6.其他		
归属于少数股东的其他综合收益的税后净额		
七、综合收益总额	2,556,780,625.25	-13,956,798.01
归属于母公司所有者的综合收益总额	2,647,985,931.55	98,843,158.50
归属于少数股东的综合收益总额	-91,205,306.30	-112,799,956.51
八、每股收益：		
(一)基本每股收益	0.0118	0.0187
(二)稀释每股收益	0.0118	0.0187

❶企业产品的成本费用是否过高？

❷人事和销售方面的投入资金是否过高？

❸研发新产品费用是多少？

❹营业外支出有多少？

❺主营业务税金有多少？

❻利息负担是否过于沉重？

❼每股到底能赚多少钱？

❽设备折旧费用有多少？

资产负债表

资产负债表是指企业在某一特定日期的财务状况，因此也称财务状况表，包括资产、负债及所有者权益三方面的状况。资产负债表是静态报表，各项目的数额主要根据有关账户的期末余额填制。通常资产负债表的制作时间是月底、季底、年中和年底。从资产负债表中可以看出：

❶ 应收的账款多不多？

❷ 预付账款多不多？

❸ 存货是否太多？

❹ 运作资金是否足够？账上的现金多不多？

❺ 转投资是否过多？

❻ 长期投资有多少？

❼ 企业的偿债能力是不是足够强？短期的负债业务会不会太高？

❽ 资产盈利是多少？

❾ 股东投资了多少钱？报酬率有多少？

2014年年度资产负债表

编制单位：首钢股份　　　　单位：元

项目	期末余额	期初余额
流动资产：		
货币资金	547,752,522.37	572,545,804.56
结算备付金		
拆出资金		
以公允价值计量且其变动计入当期损益的金融资产		12,691,000.00
衍生金融资产		
应收票据	376,839,486.67	146,067,335.85
应收账款	681,602,981.18	759,661,351.28
预付款项	51,684,883.02	1,803,710,969.64
应收保费		
应收分保账款		
应收分保合同准备金		
应收利息		
应收股利		257,187,176.75
其他应收款	19,336,977.36	35,402,281.03
买入返售金融资产		
存货	4,183,752,390.74	4,695,185,608.13
划分为持有待售的资产		4,223,177,914.47
一年内到期的非流动资产	38,195.44	38,195.44
其他流动资产	15,450,691.67	1,008,560,039.34
流动资产合计	5,876,458,128.45	13,514,227,676.49
非流动资产：		
发放贷款及垫款		
可供出售金融资产	6,253,836,328.70	2,800,944,483.20
持有至到期投资		
长期应收款		
长期股权投资	763,238,909.88	782,887,033.82
投资性房地产		
固定资产	37,263,684,213.71	35,686,380,391.96
在建工程	9,366,233,239.23	10,562,488,898.27
工程物资	143,423,281.22	126,181,419.11
固定资产清理		
生产性生物资产		
油气资产		
无形资产	1,835,790,437.83	1,780,837,674.74
开发支出		
商誉		
长期待摊费用	992,523.59	1,030,718.99
递延所得税资产	42,668,176.63	43,985,964.64
其他非流动资产		
非流动资产合计	55,669,867,110.79	51,784,736,584.73
资产总计	61,546,325,239.24	65,298,964,261.22
流动负债：		
短期借款	5,438,090,000.00	3,147,417,486.77
向中央银行借款		
吸收存款及同业存放		
拆入资金		
以公允价值计量且其变动计入当期损益的金融负债		
衍生金融负债		
应付票据		10,260,000.00
应付账款	12,486,706,094.10	12,773,045,609.98
预收款项	1,446,107,111.26	1,550,067,034.10
卖出回购金融资产款		
应付手续费及佣金		
应付职工薪酬	64,880,697.61	42,016,674.75
应交税费	235,049,716.98	4,186,956.08
应付利息		9,433,169.17
应付股利		
其他应付款	5,171,408,623.84	8,373,507,915.67
应付分保账款		
保险合同准备金		
代理买卖证券款		
代理承销证券款		
划分为持有待售的负债		4,116,257,353.30
一年内到期的非流动负债	910,821,227.22	3,234,221,253.87
其他流动负债		
流动负债合计	25,753,063,471.01	33,260,413,453.69
非流动负债：		
长期借款	3,049,949,000.00	3,170,949,000.00
应付债券		
其中：优先股		
永续债		
长期应付款		
长期应付职工薪酬		
专项应付款	2,900,000.00	
预计负债		
递延收益	68,856,196.48	80,677,450.35
递延所得税负债	1,687,682,522.75	547,140,904.29
其他非流动负债	7,078,958,364.55	1,909,260,000.00
非流动负债合计	11,888,346,083.78	5,708,027,354.64
负债合计	37,641,409,554.79	38,968,440,808.33
所有者权益：		
股本	5,289,389,600.00	2,966,526,057.00
其他权益工具		
其中：优先股		
永续债		
资本公积	13,029,150,978.17	20,440,814,682.11
减：库存股		
其他综合收益	3,087,944,187.00	502,602,052.88
专项储备	4,894,794.79	2,816,054.93
盈余公积	1,366,296,644.79	1,331,315,583.04
一般风险准备		
未分配利润	771,316,726.30	743,653,990.62
归属于母公司所有者权益合计	23,548,992,931.05	25,987,728,420.58
少数股东权益	355,922,753.40	342,795,032.31
所有者权益合计	23,904,915,684.45	26,330,523,452.89
负债和所有者权益总计	61,546,325,239.24	65,298,964,261.22

现金流量表

现金流量表是指企业在一定时间内现金和现金等价物的增减变动情况，它是动态报表，通常在每月、每季、现金流量表主要反映企业在三方面的现金状况，分别是企业经营活动所带来的现金流量、投资活动所带来的现金流量和筹资活动所带来的现金流量。从现金流量表中可以看出：

❶ 企业是否有足够的支付能力、偿还能力和周转能力？

❷ 企业本期有多少现金支出？有多少现金收入？企业的这些收支来源何处？

❸ 企业来自借款的现金流量有多少？

❹ 企业本期获利的现金有多少？

现金流量表

编制单位：首钢股份　　　　2014年年度 单位：元

项目	本期发生额	上期金额发生额
一、经营活动产生的现金流量：		
销售商品、提供劳务收到的现金	18,413,281,464.34	18,861,791,872.01
客户存款和同业存放款项净增加额		
向中央银行借款净增加额		
向其他金融机构拆入资金净增加额		
收到原保险合同保费取得的现金		
收到再保险业务现金净额		
保户储金及投资款净增加额		
处置以公允价值计量且其变动计入当期损益的金融资产净增加额		
收取利息、手续费及佣金的现金		
拆入资金净增加额		
回购业务资金净增加额		
收到的税费返还	93,945,382.30	96,904,075.40
收到其他与经营活动有关的现金	67,508,307.82	374,923,884.05
经营活动现金流入小计	18,574,735,154.46	19,333,619,831.46
购买商品、接受劳务支付的现金	12,536,194,651.06	10,492,132,049.13
客户贷款及垫款净增加额		
存放中央银行和同业款项净增加额		
支付原保险合同赔付款项的现金		
支付利息、手续费及佣金的现金		
支付保单红利的现金		
支付给职工以及为职工支付的现金	1,625,186,330.83	1,584,179,430.07
支付的各项税费	472,286,387.31	375,018,824.35
支付其他与经营活动有关的现金	835,338,993.99	906,567,970.48
经营活动现金流出小计	15,469,006,363.19	13,357,898,274.03
经营活动产生的现金流量净额	3,105,728,791.27	5,975,721,557.43
二、投资活动产生的现金流量：		
收回投资收到的现金	23,125,533.39	
取得投资收益收到的现金	370,273,051.93	43,423,969.69
处置固定资产、无形资产和其他长期资产收回的现金净额		3,468,078.37
处置子公司及其他营业单位收到的现金净额	-1,642,790.33	
收到其他与投资活动有关的现金	3,563,868.84	11,479,327.00
投资活动现金流入小计	395,319,663.83	58,371,375.06
购建固定资产、无形资产和其他长期资产支付的现金	3,067,010,867.65	2,326,640,834.92
投资支付的现金	6,310,730.00	191,057,296.50
质押贷款净增加额		
取得子公司及其他营业单位支付的现金净额		
支付其他与投资活动有关的现金		
投资活动现金流出小计	3,073,321,597.65	2,517,698,131.42
投资活动产生的现金流量净额	-2,678,001,933.82	-2,459,326,756.36
三、筹资活动产生的现金流量：		
吸收投资收到的现金		
其中：子公司吸收少数股东投资收到的现金		
取得借款收到的现金	11,330,976,881.90	7,582,310,000.00
发行债券收到的现金		
收到其他与筹资活动有关的现金		
筹资活动现金流入小计	11,330,976,881.90	7,582,310,000.00
偿还债务支付的现金	10,798,838,513.42	10,196,680,727.87
分配股利、利润或偿付利息支付的现金	988,979,332.48	1,003,106,843.88
其中：子公司支付给少数股东的股利、利润		
支付其他与筹资活动有关的现金	2,117,283.06	1,694,902.61
筹资活动现金流出小计	11,789,935,128.96	11,201,482,474.36
筹资活动产生的现金流量净额	-458,958,247.06	-3,619,172,474.36
四、汇率变动对现金及现金等价物的影响		
五、现金及现金等价物净增加额	-31,231,389.61	-102,777,673.29
加：期初现金及现金等价物余额	578,983,911.98	681,761,585.27
六、期末现金及现金等价物余额	547,752,522.37	578,983,911.98

所有者权益变动表

所有者权益变动表是反映公司本期内（年度或中期）至期末所有者权益变动情况的报表。它可以反映一定时期所有者权益变动的情况。通常有一季、半年、一年的所有者权益变动表。从所有者权益变动表中可以看出：

❶ 所有者的获利或者损失是多少？

❷ 公司的累积盈余是多少？

❸ 员工的分红多不多？

首钢股份　所有者权益变动表

2014年年度　单位：元

项目	本期金额									
	归属于母公司所有者权益								少数股东权益	所有者权益合计
	股本	资本公积	减：库存股	其他综合收益	专项储备	盈余公积	一般风险准备	少分配利润		
一、上年期末余额	2,966,526,057.00	20,440,814,682.11		502,602,052.88	2,816,054.93	1,331,315,583.04		743,653,990.62	342,795,032.31	26,330,523,452.89
加：会计政策变更										
前期差错更正										
同一控制下企业合并										
其他										
二、本年期初余额	2,966,526,057.00	20,440,814,682.11		502,602,052.88	2,816,054.93	1,331,315,583.04		743,653,990.62	342,795,032.31	26,330,523,452.89
三、本期增减变动金额（减少以“—”号填列）	2,322,863,543.00	-7,411,663,703.94		2,585,342,134.12	2,078,739.86	34,981,061.75		27,662,735.68	13,127,721.09	-2,425,607,768.44
（一）综合收益总额				2,585,342,134.12				62,643,797.43	-91,205,306.30	2,556,780,625.25
（二）所有者投入和减少资本	2,322,863,543.00								102,335,806.75	2,425,199,349.75
1．股东投入的普通股	2,322,863,543.00									2,322,863,543.00
2．其他权益工具持有者投入资本										
3．股份支付计入所有者权益的金额										
4．其他									102,335,806.75	102,335,806.75
（三）利润分配						34,981,061.75		-34,981,061.75		
1．提取盈余公积						34,981,061.75		-34,981,061.75		
1．提取 般风险准备										
3．对所有者（或股东）的分配										
4．其他										
（四）所有者权益内部结转		-7,411,528,604.97								-7,411,528,604.97
1．资本公积转增资本（或股本）										
2．盈余公积转增资本（或股本）										
3．盈余公积弥补亏损										
4．其他		-7,411,528,604.97								-7,411,528,604.97
（五）专项储备		-135,098.97			2,078,739.86				1,997,220.64	3,940,861.53
1．本期提取		-135,098.97			2,078,739.86				1,997,220.64	3,940,861.53
2．本期使用										
（六）其他										
四、本期期末余额	5,289,389,600.00	13,029,150,978.17		3,087,944,187.00	4,894,794.79	1,366,296,644.79		771,316,726.30	355,922,753.40	23,904,915,684.45

上期金额

项目	上期									
	归属于母公司所有者权益								少数股东权益	所有者权益合计
	股本	资本公积	减：库存股	其他综合收益	专项储备	盈余公积	一般风险准备	少分配利润		
一、上年期末余额	2,966,526,057.00	3,439,557,713.17				2,500,301.94	1,181,985,972.38	-246,564,472.83	455,291,618.30	7,799,297,189.96
加：会计政策变更					502,602,052.88					502,602,052.88
前期差错更正										
同一控制下企业合并		17,002,000,000.00					103,739,241.31	936,965,674.30		18,042,704,915.61
其他										
二、本年期初余额	2,966,526,057.00	20,441,557,713.17			502,602,052.88	2,500,301.94	1,285,725,213.69	690,401,201.47	455,291,618.30	26,344,604,158.45
三、本期增减变动金额（减少以“—”号填列）		-743,031.06				315,752.99	45,590,369.35	53,252,789.15	-112,496,585.99	-14,080,705.56
（一）综合收益总额								98,843,158.50	-112,799,956.51	-13,956,798.01
（二）所有者投入和减少资本										
1．股东投入的普通股										
2．其他权益工具持有者投入资本										
3．股份支付计入所有者权益的金额										
4．其他										
（三）利润分配							.45,590,369.35	-45,590,369.35		
1．提取盈余公积							45,590,369.35	-45,590,369.35		
2．提取一般风险准备										
3．对所有者（或股东）的分配										
4．其他										
（四）所有者权益内部结转										
1．资本公积转增资本（或股本）										
2．盈余公积转增资本（或股本）										
3．盈余公积弥补亏损										
4．其他										
（五）专项储备		-743,031.06				315,752.99			303,370.52	-123,907.55
1．本期提取		-743,031.06				315,752.99			303,370.52	-123,907.55
2．本期使用										
（六）其他										
四、本期期末余额	2,966,526,057.00	20,440,814,682.11			502,602,052.88	2,816,054.93	1,331,315,583.04	743,653,990.62	342,795,032.31	26,330,523,452.89

附注与会计师查核报告

利润表、资产负债表、现金流量表和所有者权益变动表是财务报表中的四大报表。除此之外，它还包含附注和会计师查核报告：

财务报表附注

财务报表附注是为了帮助使用者理解财务报表的内容而对财务报表里无法或者难以反映的内容加以补充和解释。它是财务会计报告体系的重要组成部分，往往会对投资者的决策形成影响。附注应当按照以下顺序披露以下内容：

1. 企业的基本情况。
2. 财务报表的编制者。
3. 遵循企业会计准则的声明。
4. 重要会计政策和会计估计。
5. 会计政策和会计估计变更以及差错更正的说明。
6. 报表重要项目的说明。
7. 其他需要说明的重要事项。

财务报表附注

一、公司基本情况

青海华新冶炼有限责任公司于 2003 年 8 月 27 日登记注册，取得西宁市湟源县工商行政管理局第 630122100000300 号营业执照。公司注册资本为人民币 3 000 万元，公司经营范围为：金属镁、电石、高碳铬铁、硅铬合金，中、低微碳铬铁、工业硅。（凭许可证经营）自营和代理各类商品和技术的进出口，但国家限定公司经营或禁止的商品和技术除外。

二、公司主要会计政策、会计估计

1. 会计准则和会计制度

本公司执行《企业会计准则》和《企业会计制度》。

2. 会计年度

本公司采用公历年度，即每年从 1 月 1 日起至 12 月 31 日止。

3. 记账本位币

本公司以人民币为记账本位币。

4. 记账基础和计价原则

本公司以权责发生制为记账基础，资产取得时以历史成本为计价原则。

5. 现金等价物的确定标准

本公司持有的期限短（指从购买日起三个月内到期）、流动性强、易于转换为已知金额现金、价值变动风险很小的投资作为现金等价物。

6. 存货核算方法

（1）公司存货包括原材料、低值易耗品、自制半成品、产成品；

（2）原材料按计划成本核算，期末分摊材料成本差异调整为实际成本；

（3）存货购进按实际成本进行核算，发出和领用存货时采用加权平均法计价。低值易耗品在领用时采用一次摊销法摊销；

7. 固定资产及累计折旧的核算方法

公司固定资产标准为使用年限在一年以上，单位价值在 2,000 元以上的房屋建筑物、机械设备、运输工具以及其他与生产经营有关的设备、器具、工具等。

公司的固定资产的原价按实际成本计价；固定资产折旧年限按照《企业财务制度》规定的固定资产分类折旧年限确定；预留残值按固定资产原价的 10% 计留；固定资产折旧采用分类直线法计算。

各类固定资产折旧年限及年折旧率列示如下：

类 别	折旧年限（年）	年折旧率（%）
房屋、建筑物	20	4.8

More

上市公司财务报表遭会计师出具“无法表示意见”的，将停止上市

上市公司财务报表要经会计师核阅预测，由会计师出具核阅报告。在报告中，会计师一旦出具“无法表示意见”，就代表会计师对该公司财务报表有很高的疑虑。证券交易所将报告核准后，将停止该公司的股票交易。例如，2006 年，力新公司无法向证券交易所出具春季度财务报表和上年财务报表的会计师核阅报告，遭到证券交易所停止交易的处分。

勤通会计事务所
地址：海淀区西三环北路108号
邮编：100088

会计师查核报告

中国钢铁股份有限公司（中钢公司）及子公司2010年及2009年12月31日之合并资产负债表，暨2010年及2009年1月1日至12月31日之合并利润表、合并所有者权益变动表及合并现金流量表，业经本会计师查核竣事。上开合并财务报表之编制系管理阶层之责任，本会计师之责任则为根据查核结果对上开合并财务报表表示意见。

本会计师依照会计师查核签证财务报表规则及一般公认审计准则规划并执行查核工作，以合理确信合并财务报表有无重大不实表达。此项查核工作包括以抽查方式获取合并财务报表所列金额及所揭露事项之查核证据，评估管理阶层编制合并财务报表所采用之会计原则及所作之重大会计估计，暨评估合并财务报表整体之表达。本会计师相信此项查核工作可对所表示之意见提供合理之依据。

依本会计师之意见，第一段所述合并财务报表在所有重大方面系依照证券发行人财务报告编制准则、商业会计法及商业会计处理准则中与财务会计准则相关之规定暨一般公认会计原则编制，足以允当表达中钢公司及子公司2010年及2009年12月31日合并之财务状况，暨2010及2009年1月1日至12月31日合并之经营成果与现金流量。

如合并财务报表附注三所述，中钢公司及子公司自2010年起，采用财务会计准则公报第三十四号「金融商品之会计处理准则」及第三十六号「金融商品之表达与揭露」，以及其他相关公报配合新修订之条文。

此致

中国钢铁股份有限公司　公鉴：

勤业众信会计师事务所

会计师：　　　　　会计师：

财政部证券暨期货管理委员会核准文号　　财政部证券暨期货管理委员会核准文号

央财证六字第0920123784号　　央财证六字第0920123784号

2011年2月13日

会计师查核报告

要确认一家公司财务报表信息有没有问题，在看完它的财务报表后，一定要看财务报表后面是否有合法会计师出具的查核报告。只有合法会计师在查核报告上注明“合理确信无重大不实表达”，才可以认定该公司的财务报表数据真实可信。

More

会计师的意见有哪些？

会计师的意见有四种，分别是：无保留意见、保留意见、无法表示、否定意见。一般情况下，会计师对公司情况并无重大疑虑时为“无保留意见”；如果会计师的意见是“无法表示”或者“否定意见”，那么证券交易所将停止该公司的上市买卖。如果会计师出示“保留意见”，那么证券交易所会将该公司变为全额交割股，只有等到公司改善财务报告并由会计师重新审核后方可恢复交易。

财务报表的作用

财务报表最初是企业为了记录每天的业务活动而做的表格，后来随着税收等的出现，才逐渐演变成熟。现在财务报表不仅为企业管理者掌握公司状况提供依据，也为投资者进行投资和财税部门管理者进行管理提供依据。财务报表的核心部分是三大报表，即利润表、现金流量表和资产负债表。从利润表中可以看出公司一段时间内的利润和亏损数额，从现金流量表中可以了解到公司的现金数额和收支去向，从资产负债表中能够知道公司某一特定日期的财务状况。通过财务报表我们能够了解公司过去和现在的经营状况，对公司的获利能力有基本的了解。对于企业管理者、财务工作者或投资者来说，看懂财务报表都很重要。

财务报表的重要性

财务报表是财务报告的主要组成部分，它主要有以下五种作用。

1 进行投资评估及借贷决策

作为投资者，看财务报表就好比是与这家公司对话，可以通过财务报表了解企业的盈利能力和股利分配政策等，从而便于做出正确的投资决策。对于债权人也同样重要，因为通过财务报表，债权人可以判断投资报酬的高低，以及把钱借出去的风险的高低，从而有效降低投资风险。

2 企业短期和长期的偿债能力

不管是老板还是投资者，都有必要分析企业的偿债能力，因为这直接关系到企业的发展潜力和竞争力。因此，通过对企业偿债能力的真实评估，投资者可以调整增资或者减资的策略；企业管理者则根据实际情况——产品结构调整，使企业更具发展潜力。

③ 企业的经营管理能力

老板要想判断企业主管是否有效利用资源，是否达成公司的经营目标，只需通过财务报表就可以看出。财务报表可作为评估企业主管经营管理绩效的重要依据。

④ 企业的获利能力

企业的获利能力是企业的赚钱能力，不论是老板还是职员，或者是投资者、借贷者，他们都对此非常关心。而财务报表正可以为判断企业获利能力提供可能，因为我们可以通过企业的财务报表提供的成本、盈余、营业收入等信息，计算出资产报酬率、所有者权益报酬率和销售毛利率及销售净利率。通常，这些比率越高，说明该企业的获利能力越强。

⑤ 了解企业的经营资源

财务报表可以反映出企业的资产、负债以及所有者的权益，这些正是企业的可运用资源。了解这些，往往可以为我们评估企业盈利能力和发展前景提供依据。

More

有位理财大师曾经说过，每个人都应该懂得一些财务知识。细想一下，我们每天都和金钱打着交道，那么，如果我们能够运用财务知识进行合理理财，从而创造更多财富，那将是一件多么美好的事啊！很多炒股的朋友一听说要他看所选股票公司的财务报表，便愁眉苦脸，他们认为只有专业的财务人员才能看懂。其实不然，只要我们稍加努力学习，就可以轻松地看懂财务报表，进而从公司的财务数据中看出该公司实力的强弱，从而选出绩优股和潜力股。

何时需要看财务报表

我们已经知道财务报表是反映公司经营状况的重要依据，因此，以下三种情况下人们必然会看财务报表：

1. 投资人执行投资决策时；
2. 对公司经营管理者进行评估及改善公司运营时；
3. 借钱给其他公司时。

投资人什么时候可以看公司财务报表

我国法律对财务报表具体公布时间规定如下：

① 每月

月度财务报表公布时间为该月度终了后 6 天内，如遇节假日，依次往后顺延。

② 每季

季度财务报表公布时间为季度终了后 15 天内，如遇节假日，依次往后顺延。

③ 半年和全年

半年度财务报表公布时间为年度中期结束后60天内，如遇节假日，依次往后顺延。

年度财务报表对外公布时间为年度终了后4个月内。

④ 重大信息发生时

除上述定期财务报告公布时间外，公司还有义务在重大信息出现时发布临时财务报表提醒投资人注意，以确保股民们不受欺骗。所以投资方就应该随时关注公司发生的重大变动来规避投资风险。

More

什么是重大信息

按照证券交易所的规定，当上市公司出现以下情况，上市公司必须视为重要信息对外公布，好让投资人知道并且留意。

1. 公司存款不足遭退票。

2. 发生诉讼、非讼、行政处分、行政争讼或者假扣押、假处分的申请或者执行事件。

3. 董事长、总经理、法人或者董事长以及代表人、独立监事或者占股权三成以上董事、监察人发生变动。

4. 公司会计事务所变更。

5. 公司发言人、代理发言人、财务主管、研发主管或者内部稽核主管发生变动。

哪些分析数据你需要了解

财务比率是以财务报表资料为依据，将两个相关的数据进行相除而得到的比率。透过财务比率我们能够看到企业的偿债能力、营运能力和盈利能力。由此，我们可以迅速掌握公司的财务及运营情况。总体来说，财务比率分为获利能力、经营效率、偿债能力和财务结构四大类。

类别	说明	必看分析项目
盈利能力分析	决定企业成败的关键一点就是企业的盈利能力。如果企业具有持续盈利的能力，就说明企业发展前景良好。因此，无论是投资者还是债权人，都非常重视企业的盈利能力。	资产报酬率 股东权益报酬率 销售毛利率 销售净利率 成本费用净利率 每股现金流量 每股股利 股利支付率 每股净资产 市盈率 市净率
营运能力分析	经营效率高的公司，就意味着它的经营收入和利润高，同时意味着它的周转速度快。企业的资产周转速度越快说明企业的营运能力越强。透过经营效率分析，我们可以知道企业是否囤积存货、应收账款是否过久、资产创造能力是否过慢。	应收账款周转率 存货周转率 总资产周转率 流动资产周转率 固定资产周转率

续表

类别	说明	必看分析项目
偿债能力分析	为了进一步发展壮大，或当经营不善时，公司都会举债。不过，能有效利用借来资金的公司，往往会如期偿还债务。因此，通过偿债能力分析可知公司偿债能力的强弱。	流动比率 速动比率 利息保障倍数 现金比率 现金流量比率 资产负债率 股东权益比率 权益乘数 现金保障倍数 偿债保障比率 产权比率 有形净值债务率
财务结构分析	从财务结构分析中可以诊断出企业体制是否健全，所以，财务结构分析是评估企业长期偿债能力的一项安全指标。财务结构就是把财务报表作为整体，看各项目所占的比率。透过财务结构分析可以看出企业的资产、负债和业主权益的比率各是多少，借此判断企业的资金、负债等方面是否合适。	所有者权益比率 资产负债比率 长期资产适合率

Tips

财务比率是将两个相关的数据相除得到的比率，这些数据都是以财务报表为依据的。因此，计算财务比率所需的相关数据一般是从财务报表中来的。

老板应掌握的财务报表分析

透过财务报表，老板和经营者需要关注的问题是，企业是否能赚钱、营收状况如何？与同行相比，毛利率是否过低、经营效率是否良好、资金方面是该增资还是贷款、哪些地方还应该进行改善？通过财务报表分析后，老板更容易制定适合公司发展的经营方针。

需要了解的项目	必看的报表和分析
营收状况如何？ 毛利率高不高？ 营业外收入是多少？ 赚了多少钱？赚钱能力如何？ 每股盈余是多少？	利润表
企业的现金有多少？是否够用？ 存货是否过多？ 负债比率是否过高？ 是否有快到期的债务？	资产负债表
公司所赚现金有多少？ 支出有多少？ 新增债务带来多少现金收益？	现金流量表
员工和股东分红有多少？	所有者权益变动表
获利能力如何？	盈利能力分析
经营效率高不高？运营状况好不好？ 存货是否合适？是否出现滞销？ 资金周转是否正常？	营运能力分析
是否有能力偿还到期债务？	偿债能力分析

股票族应掌握的财务报表分析

对于股票族来说，看财务报表特别重要。因为通过财务报表，能对将要进行投资公司的获利情况和经营情形有一个基本的了解。同时，通过财务报表分析，能给投资的公司做一个最好的财务体检，从而看出这家公司的基本面是否稳固。要知道，这比购买股票前听到的小道消息要牢靠得多，因此在购买股票前看看将要买的股票所属公司的财务报表，将大大降低投资者的风险。

需要了解的项目	必看的报表和分析
公司是否赚钱？ 主营业务获利多少？	利润表 利润表 编制单位：汇知图书编辑室 11年7月 单位：万元 春季度 夏季度 金额 % 金额 % 4110 销售收入总额 107 132
负债比率高不高？ 公司股本有多少？	资产负债表 2008年资产负债表
资本支出有多少？	现金流量表 现金流量表 编制单位：立水桥蔬菜水果超市 11年1月 单位：元 项目 本期金额 上期金额 经营活动产生的现金流量 销售商品、提供劳务收到的现金 120,000 115,000
过去的股东获利情况如何？ 是否每年进行配股？	所有者权益变动表 青岛海尔(600690) 所有者权益变动表
跟同行业相比，公司的获利情况如何？	盈利能力分析
存货周转天数是多少？ 应收账款收账天数是多少天？	营运能力分析
近期有无负债到期？ 投资的股票会不会变成垃圾股？	偿债能力分析

债权人应掌握的财务报表分析

如果你是一家公司的老板，你打算将钱借给另一家公司，可是你不了解对方的实力。这时你就需要看看对方的财务报表，看看这家公司的负债状况，如果有负债，偿还能力如何，以及每年所赚的钱有多少用于偿还债务。了解了这些后，是否借钱给这家公司，你就应该心中有数了。如果你已经将钱借给了这家公司，该公司是否违反当初借款时的约定、在资金运用上存在不当，也可以从报表里看出。

需要了解的项目	必看的报表和分析
公司赚了还是赔了？ 本业获利是高还是低？	**利润表** 利润表 编制单位：汇知图书编辑室 11年7月 单位：万元 春季度 金额 % ／ 夏季度 金额 % 4110 销售收入总额 107 ／ 132 4170 销售退货及折扣 3 ／ 2 4100 销售收入净额 104 100 ／ 130 100
账上现金是多少？ 有没有变现价值高的资产？ 负债比例是多少？ 公司资产是多少？	**资产负债表** 2008年资产负债表
资本支出多少？ 现金是否够偿还债务？	**现金流量表** 现金流量表 编制单位：立水桥蔬菜水果超市 11年1月 单位：元 项目 本期金额 上期金额 经营活动产生的现金流量 销售商品、提供劳务收到的现金 120,000 115,000 收到的税费返还 5,000 4, 600 收到其他与经营活动有关的现金 200 370 经营活动现金流入小计 125,200 120,900
短期是否有大笔债务偿还？ 公司是否在借新债偿还旧债？	**所有者权益变动表** 青岛海尔(600690) 所有者权益变动表

一家之主应掌握的财务报表分析

家庭财务报表主要包括家庭收入、家庭的花费支出、购房以及子女教育费用等。有了涵盖以上内容的家庭财务报表，作为一家之主就可以用好家中的每一分钱，从而使整个家庭不会遭遇财务危机。

需要了解的项目	必看的报表和分析
投资是否获利？ 有没有薪金以外的收入？	利润表
固定支出和收入有哪些？ 拥有的资产有哪些？ 可变为现金的资产有多少？	家庭资产负债表
有多少现金流入？ 有多少现金支出？	现金流量表
每月的资产是否在增加？ 资产有没有亏损？	所有者权益变动表

More

家庭财务规划

在做子女教育费用和退休财务规划时，要谨记两点：①避免出现财务危机，保险额度最好是家庭年收入的十倍以上；②有规律储蓄。退休金和子女教育费用一样重要，因此，即使在资金有限的情况下，也不要忽略退休金的累积。建议强迫自己有规律地定期定额进行储蓄。

哪里能找到公司的财务报表

相关法律规定，公开发行的公司，在每月、每季、半年以及年底必须公布公司的财务信息。非公开发行的公司就必须和负责人联络，取得财务报表。

取得财务报表的渠道

1 网络

最便捷的方式——网上取得。你可以到一些财经网站获取你关注公司的财务报表，如腾讯财经、网易财经，还有专门的网站，如 http://cninfo.com.cn，在这里你不但可以找到你需要的财报，而且还能够得到相关的财务信息。

2 财经金融图书馆

财经金融图书馆会公开发行公司资讯，投资人可以进行查询。财经金融图书馆拥有最齐全的资料，有电子档案资料和非电子档案资料。此外，还有公司的相关新闻报道。

3 上市公司投资人关系部门

上市公司一般都设有发言人和投资人关系部门（比如股东接待处），投资人可以到公司的投资人关系部门取得财务报表。投资人还可以要求公司发言人解说公司的运营情况。

4 公司负责人或会计经理

如果你想得到非公开发行公司的财务报表，那就必须以股东或者权益者的身份，要求公司负责人或者会计经理准备财务报表。但是对于小股东来说，这样做往往是徒劳的，因为他们经常拿不到财务报表或拿到的是未经会计师审计的财务报表。

5 报纸杂志

公开发行公司会定期在报纸上公告财务状况、营收情况和损益情况。不过，公司在报刊上公布的信息一般比较精简，仅公布四大报表以及重大信息。

小故事

财务报表需按时申报才能正常挂牌交易，否则证监会上市部会停止其有价证券买卖。

2009 年 3 月，杭州立立公司和其他三家公司同时申报上市，其他公司已经上市，立立公司却因为 2007—2008 年度财务报表未能及时申报而不能上市，直到 2009 年 7 月 16 日立立公司重新申报财务报表后才获得了股票发行许可。

More

现在网络高度发达，许多地区纳税人财务报表申报都通过上网申报。

从 2011 年 1 月起，网上申报财务报表需要手动操作修改申报年月，而且如某一项目资金额数据没有时必须填写“0”，不可空缺或者用“-”代替。

怎样和财务报表“一见钟情”

对于没有学过财务或者会计的人来说，看财务报表会觉得很吃力。但是当你阅读了下面文章里教给你的方法后，相信即使你不懂财务和会计知识，你也一样可以轻松地读懂四大报表，解决创业、投资、就业、借钱等相关财务问题。

上市公司公布财报时间及内容

公布财报时间	内容
每年度终了后四个月内	年报
每半年终了后两个月内	半年报
每年第一季度或者第三季度结束后 15 天内	季报
次月 6 天内	主营业收入、资金款项余额和风险准备、财务预测

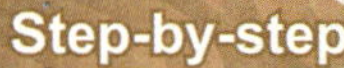

Step 1 获得财务报表（取得的渠道参见 p.24）。

Step 2 确定阅读财务报表的目的（参见 p.16）。

Step 3 从目的出发找出四大报表的财务重点（参见第 2~5 章）。

Step 4 计算出相关财务比率（参见第 6~9 章）。

Step 5 将财务报表及相关比率合并分析（参见第 10 章）。

Step 6 看懂财务报表了。

第2章

快速看懂利润表

利润表反映企业在一定期间内的经营成果。在四大报表中，利润表最能反映公司的获利结构，最容易判断出公司未来的发展趋势。本章教你如何抓住利润表的重点，准确判断公司到底赚不赚钱、在哪些方面赚钱、获利稳不稳。如果公司不赚钱，又将从哪些地方着手改善不盈利状况等知识。

本章教你：

- 看懂利润表的组成项目。
- 了解公司的主要获利来源。
- 判断公司的营业净利好不好。
- 营业外收入有多少？
- 评估哪一项利润表架构最好？
- 计算每股的盈余。

利润表的定义和构成

判断一家企业是否赚钱那就必须要看它的利润表。利润表由表头、内容和签章三大部分组成。

表头

表头一般由公司名称、报表名称和利润表结算利润期间构成。看利润表，首先要看的就是表头，以便确认公司名称、报表名称以及报表时间是否是自己想要的，尤其是报表时间一定要最新的。如果不是则参考价值不大，同时最好把上一年同时间的报表也取来，以便做一个比较分析。

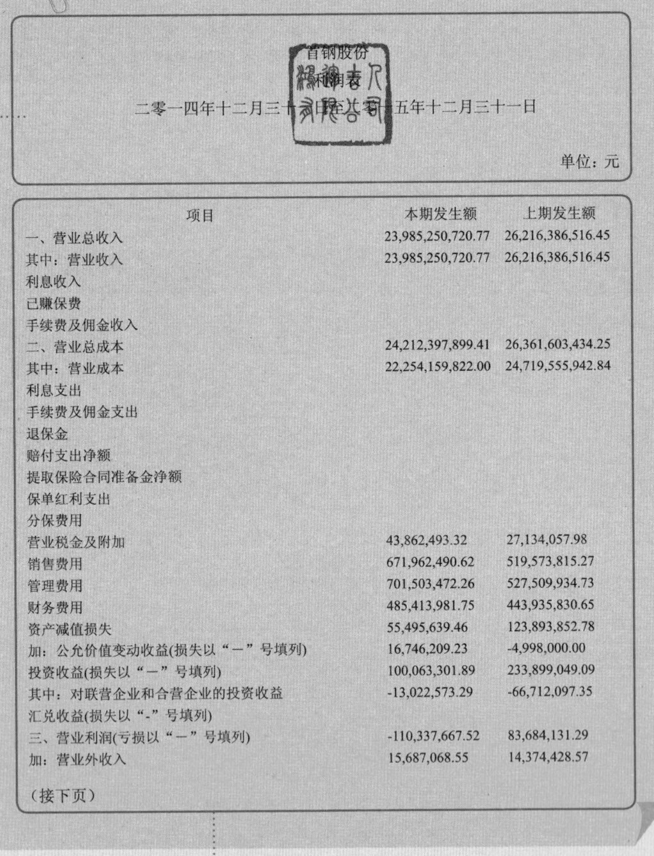

首钢股份

利润表

二零一四年十二月三十一日至二零一五年十二月三十一日

单位：元

项目	本期发生额	上期发生额
一、营业总收入	23,985,250,720.77	26,216,386,516.45
其中：营业收入	23,985,250,720.77	26,216,386,516.45
利息收入		
已赚保费		
手续费及佣金收入		
二、营业总成本	24,212,397,899.41	26,361,603,434.25
其中：营业成本	22,254,159,822.00	24,719,555,942.84
利息支出		
手续费及佣金支出		
退保金		
赔付支出净额		
提取保险合同准备金净额		
保单红利支出		
分保费用		
营业税金及附加	43,862,493.32	27,134,057.98
销售费用	671,962,490.62	519,573,815.27
管理费用	701,503,472.26	527,509,934.73
财务费用	485,413,981.75	443,935,830.65
资产减值损失	55,495,639.46	123,893,852.78
加：公允价值变动收益(损失以“－”号填列)	16,746,209.23	-4,998,000.00
投资收益(损失以“－”号填列)	100,063,301.89	233,899,049.09
其中：对联营企业和合营企业的投资收益	-13,022,573.29	-66,712,097.35
汇兑收益(损失以“-”号填列)		
三、营业利润(亏损以“－”号填列)	-110,337,667.52	83,684,131.29
加：营业外收入	15,687,068.55	14,374,428.57

（接下页）

内容

由各利润项目组成，表现公司营业内净利、营业外净利和每股盈余。

（承前页）

其中：非流动资产处置利得		135,674.70
减：营业外支出	1,524,257.20	3,359,283.10
其中：非流动资产处置损失	8,572.71	6,661.90
四、利润总额(亏损总额以“－”号填列)	-96,174,856.17	94,699,276.76
减：所得税费用	-67,613,347.30	108,656,074.77
五、净利润(净亏损以“－”号填列)	-28,561,508.87	-13,956,798.01
归属于母公司所有者的净利润	62,643,797.43	98,843,158.50
少数股东损益	-91,205,306.30	-112,799,956.51
六、其他综合收益的税后净额	2,585,342,134.12	
归属母公司所有者的其他综合收益的税后净额	2,585,342,134.12	
(一)以后不能重分类进损益的其他综合收益		
1.重新计量设定受益计划净负债或净资产的变动		
2.权益法下在被投资单位不能重分类进损益的其他综合收益中享有的份额		
(二)以后将重分类进损益的其他综合收益	2,585,342,134.12	
1.权益法下在被投资单位以后将重分类进损益的其他综合收益中享有的份额		
2.可供出售金融资产公允价值变动损益	2,585,342,134.12	
3.持有至到期投资重分类为可供出售金融资产损益		
4.现金流量套期损益的有效部分		
5.外币财务报表折算差额		
6.其他		
归属于少数股东的其他综合收益的税后净额		
七、综合收益总额	2,556,780,625.25	-13,956,798.01
归属于母公司所有者的综合收益总额	2,647,985,931.55	98,843,158.50
归属于少数股东的综合收益总额	-91,205,306.30	-112,799,956.51
八、每股收益：		
(一)基本每股收益	0.0118	0.0187
(二)稀释每股收益	0.0118	0.0187

后附之附注为本表的一部分

（参照勤通会计事务所 2011 年 2 月 13 日查核报告）

法定代表人： 工作负责人： 会计机构负责人：

签章

财务报表最后必须要有公司负责人、经理以及主管会计签章。有签章的财务报表可以用来证明报表是经公司财务负责人签署，以公司名义发出的正式的财务报表。

More

利润表和资产负债表中，每一科目都有代码。这是证监会为上市公司财务报表制定的规格。其中一组代码共有四码，第一码表大类；第二码和第三码是依科目性质区分的中类和小类；第四码为统账科目。我们只需要了解第一码的意义：①资产类；②负债类；③ 共同类；④所有者权益类；⑤ 成本类；⑥损益类。

利润表的内容

利润表内容一般由 11 个主要项目组成，它们分别是：

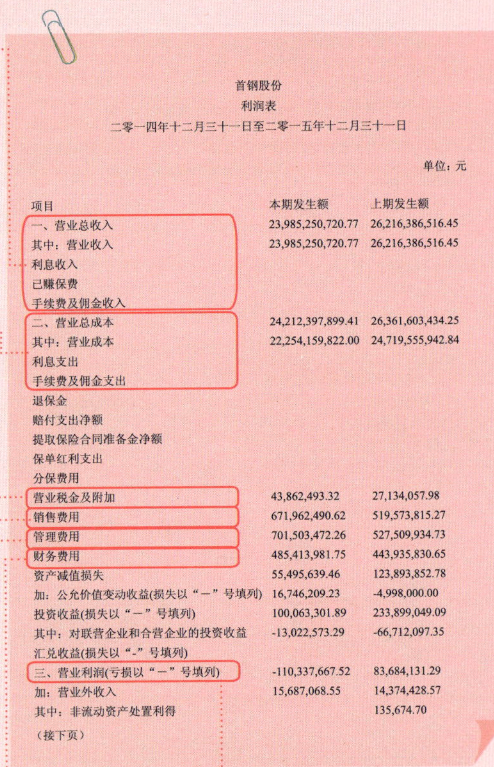

首钢股份

利润表

二零一四年十二月三十一日至二零一五年十二月三十一日

单位：元

项目	本期发生额	上期发生额
一、营业总收入	23,985,250,720.77	26,216,386,516.45
其中：营业收入	23,985,250,720.77	26,216,386,516.45
利息收入		
已赚保费		
手续费及佣金收入		
二、营业总成本	24,212,397,899.41	26,361,603,434.25
其中：营业成本	22,254,159,822.00	24,719,555,942.84
利息支出		
手续费及佣金支出		
退保金		
赔付支出净额		
提取保险合同准备金净额		
保单红利支出		
分保费用		
营业税金及附加	43,862,493.32	27,134,057.98
销售费用	671,962,490.62	519,573,815.27
管理费用	701,503,472.26	527,509,934.73
财务费用	485,413,981.75	443,935,830.65
资产减值损失	55,495,639.46	123,893,852.78
加：公允价值变动收益(损失以“－”号填列)	16,746,209.23	-4,998,000.00
投资收益(损失以“－”号填列)	100,063,301.89	233,899,049.09
其中：对联营企业和合营企业的投资收益	-13,022,573.29	-66,712,097.35
汇兑收益(损失以“-”号填列)		
三、营业利润(亏损以“－”号填列)	-110,337,667.52	83,684,131.29
加：营业外收入	15,687,068.55	14,374,428.57
其中：非流动资产处置利得		135,674.70

（接下页）

营业收入

营业收入是指企业在从事销售商品、提供劳务和让渡资产使用权等日常经营业务过程中所形成的经济利益的总流入。

营业成本

营业成本是指企业所销售商品或者提供劳务的成本。

营业税金及附加

企业经营主要业务应负担的营业税、消费税、城市维护建设税、资源税和教育费附加等。

销售费用

销售费用是指企业在销售产品、自制半成品和提供劳务等过程中发生的各项费用。

管理费用

管理费用是指企业行政管理部门为组织和管理生产经营活动而发生的各项费用。

财务费用

财务费用指企业在生产经营过程中为筹集资金而发生的筹资费用。

营业利润

营业利润＝营业收入－营业成本－营业税金及附加－销售费用－管理费用－财务费用－资产减值损失＋公允价值变动净收益＋投资净收益。

利润总额

利润总额指企业在生产经营过程中各种收入扣除各种耗费后的盈余，反映企业在报告期内实现的盈亏总额。

所得税费用

所得税费用是指企业经营利润应交纳的所得税。

净利润

净利润是指在利润总额中按规定交纳了所得税后公司的利润留成。

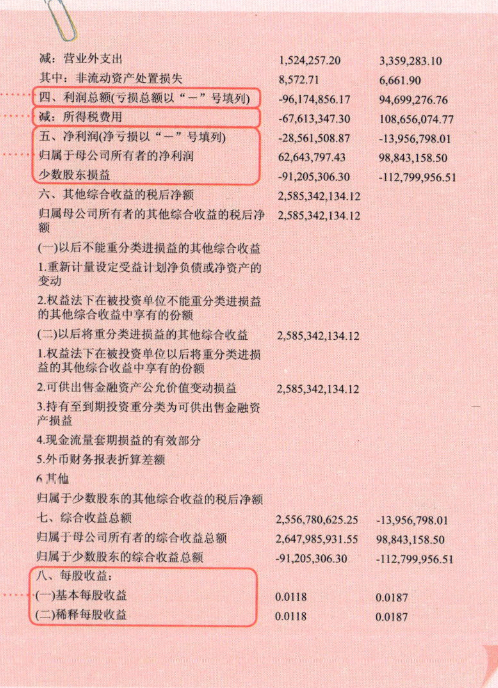

减：营业外支出	1,524,257.20	3,359,283.10
其中：非流动资产处置损失	8,572.71	6,661.90
四、利润总额(亏损总额以“－”号填列)	-96,174,856.17	94,699,276.76
减：所得税费用	-67,613,347.30	108,656,074.77
五、净利润(净亏损以“－”号填列)	-28,561,508.87	-13,956,798.01
归属于母公司所有者的净利润	62,643,797.43	98,843,158.50
少数股东损益	-91,205,306.30	-112,799,956.51
六、其他综合收益的税后净额	2,585,342,134.12	
归属母公司所有者的其他综合收益的税后净额	2,585,342,134.12	
(一)以后不能重分类进损益的其他综合收益		
1.重新计量设定受益计划净负债或净资产的变动		
2.权益法下在被投资单位不能重分类进损益的其他综合收益中享有的份额		
(二)以后将重分类进损益的其他综合收益	2,585,342,134.12	
1.权益法下在被投资单位以后将重分类进损益的其他综合收益中享有的份额		
2.可供出售金融资产公允价值变动损益	2,585,342,134.12	
3.持有至到期投资重分类为可供出售金融资产损益		
4.现金流量套期损益的有效部分		
5.外币财务报表折算差额		
6.其他		
归属于少数股东的其他综合收益的税后净额		
七、综合收益总额	2,556,780,625.25	-13,956,798.01
归属于母公司所有者的综合收益总额	2,647,985,931.55	98,843,158.50
归属于少数股东的综合收益总额	-91,205,306.30	-112,799,956.51
八、每股收益：		
(一)基本每股收益	0.0118	0.0187
(二)稀释每股收益	0.0118	0.0187

每股收益

每股收益，又称每股税后利润、每股盈余，指税后利润与股本总数的比率。

More

业内净利是预估公司获利前景的重要指标

利润表一般分为营业净利和营业外收入及支出两部分。这里的营业净利是指企业主业所得的利润，而营业外收入及支出是指企业主业外所得的利润。一个公司如果业内净利比业外净利高，说明这家公司专注于主营业务经营；如果公司的业外净利比业内净利高，说明公司不专注于主营业务经营，一般投资者都不会青睐这样的公司。

营业收入

企业销售产品、提供劳务和让渡资产使用权等所形成的经济利益总流入统称为营业收入。公司的营业收入高，获利基数就大。营业收入是企业取得利润的重要保障，也被视为营业规模排名的最主要指标。

单位：元

项目	本期发生额	上期发生额
一、营业总收入	23,985,250,720.77	26,216,386,516.45
其中：营业收入	23,985,250,720.77	26,216,386,516.45
利息收入		
已赚保费		
手续费及佣金收入		

利息收入

利息收入是指企业购买各种债券等有价证券的利息、外单位欠款付给的利息以及其他利息收入。

已赚保费

已赚保费是对保费收入在剔除分保及保单获取成本后的剩余部分。

手续费及佣金收入

手续费及佣金收入是指企业为客户办理各种业务收取的手续费及佣金收入，包括办理咨询业务、担保业务、代保管等代理业务以及办理投资业务等取得的手续费及佣金，如业务代办手续费收入、咨询服务收入、担保收入、资产管理收入、代保管收入；代理买卖证券、代理承销证券、代理兑付证券、代理保管证券等代理业务以及其他相关服务实现的手续费及佣金收入等。

计算公式

营业总收入＝营业收入＋利息收入＋已赚保费＋手续费及佣金收入

过去，会计核算将营业收入划分为主营业务收入和其他业务收入，即营业收入为主营业务收入和其他业务收入之和。但是，现代企业的发展使得主营业务收入和其他业务收入在财务报告中加以区分的意义不再重大，因为二者的效果都是增加企业的权益。因此，在建账时，如果选择的使用新会计准则，则其他业务收入科目数据和主营业务收入科目数据合并反映在利润表的“营业收入”项目中。

《企业会计准则第 14 号——收入》中给营业收入进行了新的分类：“本准则所涉及的收入，包括销售商品收入、提供劳务收入和让渡资产使用权收入。企业代第三方收取的款项，应当作为负债处理，不应当确认为收入。”即将营业收入分为销售商品收入、提供劳务收入和让渡资产使用权收入。

营业收入分类的变迁

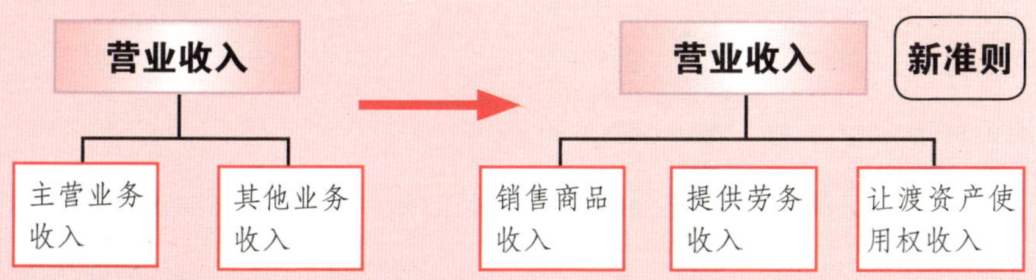

More

营收创新高带来的经济效益

营收创新高是指企业的销售收入净额创历年来的新高。上市公司公布营收创下历史新高，代表公司业务不但正常，而且发展潜力十足。另外，还代表公司获利情况比预期的要好。此种情况下，企业一般会上调财务预测，同时让本公司股票上涨。

营业成本

营业成本也称经营成本、运营成本。它是企业用于生产商品所购买的原料费用和提供劳务的费用支出。比如生产商生产商品就需要付原料费用、工人费用和运费，这就是生产商的营业成本；而对于销售商来说，他的营业成本就是运费和本期的销售商品成本。

单位：万元

项目	本期发生额	上期发生额
二、营业总成本	24,212,397,899.41	26,361,603,434.25
其中：营业成本	22,254,159,822.00	24,719,555,942.84
利息支出		
手续费及佣金支出		
退保金		
赔付支出净额		
提取保险合同准备金净额		
保单红利支出		
分保费用		
营业税金及附加	43,862,493.32	27,134,057.98
销售费用	671,962,490.62	519,573,815.27
管理费用	701,503,472.26	527,509,934.73
财务费用	485,413,981.75	443,935,830.65
资产减值损失	55,495,639.46	123,893,852.78

营业税金及附加

企业经营主要业务应负担的营业税、消费税、城市维护建设税、资源税和教育费附加等。

销售费用

销售费用是指企业在销售产品、自制半成品和提供劳务等过程中发生的各项费用。

管理费用

管理费用是指企业行政管理部门为组织和管理生产经营活动而发生的各项费用。

财务费用

财务费用指企业在生产经营过程中为筹集资金而发生的筹资费用。

资产减值损失

资产减值损失是指企业在资产负债表日，经过对资产的测试，判断资产的可收回金额低于其账面价值而计提资产减值损失准备所确认的相应损失。

计算公式

营业总成本＝营业成本＋利息支出＋手续费及佣金支出＋退保金＋赔付支出净额＋提取保险合同准备金净额＋保单红利支出＋分保费用＋营业税金及附加＋销售费用＋管理费用＋财务费用＋资产减值损失

营业成本等于材料费、人员工资和制造费用的总和。一般生产型企业的这三项费用都比较明确，其他类型的企业，比如流通型企业，材料费用是购货价格；人工费用是企业操作工人的各种费用；服务型企业的人工费用是一线工作人员的各种费用；制造费用是生产产品所产生的费用，二线辅助人员的工资、车间的照明、清洁、保洁等都属于制造服用。

根据成本的组成要素，企业想降低成本有两个办法：一是降低原材料的采购价。二是提高劳动生产率，以降低人工费、节约能源、降低各个环节的消耗等。目前企业多通过引进先进的设备提高生产效率，从而减少人工费用。在人工费减少的同时，由于新设备的引进，制造费用会相应增加，但是设备作为固定资产是可以折旧的。所以一般引进先进设备人工费和制造费两者的总和还是会减小。

Tips

销售成本愈低，那么公司的产品愈有竞争力。要做到这点就要很好地控制成本费用。

More

资本密集型产业的规模经济

在资本密集的产业，比如钢铁公司、大型机械公司等，建筑物折旧、设备折旧费用在销售成本中占有很大的比重，而这些都属于固定成本，受产量增减变化影响极小。所以，这些公司生产的产量愈多，相对来说成本就愈低，这样无疑降低了销售成本，增加了公司的收入。

营业税金及附加和期间费用

期间费用是指企业本期发生的、不能直接或间接归入营业成本，而是直接计入当期损益的各项费用，包括销售费用、管理费用和财务费用等。

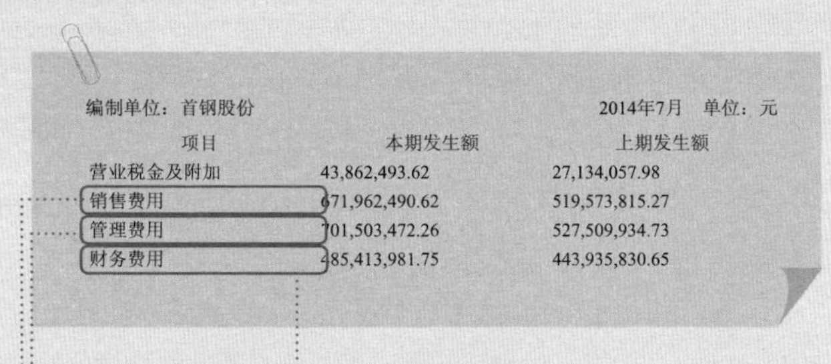

编制单位：首钢股份　　2014年7月　单位：元

项目	本期发生额	上期发生额
营业税金及附加	43,862,493.62	27,134,057.98
销售费用	671,962,490.62	519,573,815.27
管理费用	701,503,472.26	527,509,934.73
财务费用	485,413,981.75	443,935,830.65

销售费用

销售费用是指企业在销售产品、自制半成品和提供劳务等过程中发生的各项费用。

管理费用

管理费用是指企业行政管理部门为组织和管理生产经营活动而发生的各项费用。

财务费用

财务费用指企业在生产经营过程中为筹集资金而发生的筹资费用。

营业税金及附加

营业税金及附加主要包括营业税、消费税、城市维护建设税、资源税和教育费附加等相关税费。其中，前两项属于营业税金，后三项属于附加税。

营业税

营业税的税率主要有3%、5%、8%、20%等多个级别，税率和行业性质有关，行业不同，税率不同。

营改增

2011年，经国务院批准，财政部、国家税务总局联合下发营业税改增值税试点方案。从2012年1月1日起，在上海交通运输业和部分现代服务业开展营业税改征增值税试点。到2015年5月，营改增的最后三个行业建安房地产、金融保险、生活服务业的营改增方案推出。其中，建安房地产的增值税税率暂定为11%，金融保险、生活服务业为6%。这意味着，2015年下半年后，中国全面告别营业税。

营业税是“价内税”，是要纳税人从收入中扣减，作为纳税人经营中的税费扣除的。而增值税作为“价外税”，销售额中的一部分通过计算方式是要体现为税款的，不算纳税人的销售收入，因此在利润表中的营业收入中，是以不含税价格体现的，这是与营业税作为“价内税”不同的。

简单来说，以前的营业税体现在利润表中“营业税金及附加”科目里，改增值税后体现到资产负债表中“应交税费”科目去了。

“营业税改增值税”不影响“营业税金及附加”科目中其他组成。

消费税

消费税的征收范围没有营业税广，主要对象是烟、酒、化妆品等产品。

城市维护建设税、资源税和教育附加

城市维护建设税简称“城建税”，是我国为了加强城市的维护建设，扩大和稳定城市维护建设资金的来源，对从事工商经营，缴纳消费税、增值税、营业税的单位和个人征收的一种税。

《城市维护建设税暂行条例》第三条规定：“城市维护建设税，以纳税人实际缴纳的产品税、增值税、营业税税额为计税依据，分别与产品税，增值税，营业税同时缴纳。”第五条规定：“城市维护建设税的征收、管理、纳税环节、奖罚等事项，比照产品税、增值税、营业税的有关规定办理。”

资源税是以各种应税自然资源为课税对象，为了调节资源级差收入并体现国有资源有偿使用而征收的一种税。所有开采者开采的所有应税资源都应缴纳资源税；同时，开采中等、优等资源的纳税人还要相应多缴纳一部分资源税。

教育费附加是对缴纳增值税、消费税、营业税的单位和个人征收的一种附加费，用于发展地方教育事业，扩大地方教育经费的资金来源。

期间费用为什么不能归入营业成本

期间费用是指不能直接归属于某个特定产品成本的费用。它是随着时间推移而发生的与当期产品的管理和产品销售直接相关，而与产品的产量、产品的制造过程无直接关系，即容易确定其发生的期间，而难以判别其所应归属的产品，因而不能列入产品制造成本，而在发生的当期从损益中扣除。

More

研发费用

会计制度规定，企业用于研究开发新产品、新技术、新工艺所发生的各项费用，不受比例限制，按实际发生额计入“管理费用”科目列支。借记“管理费用”（研究与开发费）科目，贷记“银行存款”科目。

《税法》规定，企业实际发生的技术开发费，允许在缴纳企业所得税前扣除。企业发生的技术开发费比上年实际发生额增长达到10%以上（含10%），其当年实际发生的费用除按规定据实列支外，经由主管税务机关审核批准后，可再按其实际发生额的50%，直接抵扣当年应纳税所得额，扣完为止；增长未达到10%以上的，不得抵扣。

营业利润

营业利润是企业最基本经营活动的成果，也是企业一定时期获得利润中最主要、最稳定的来源。2006 年财政部颁布的《新企业会计准则第 30 号——财务报表列报》中已对营业利润进行了调整，将投资收益调入营业利润，同时取消了主营业务利润和其他业务利润的提法，补贴收入被并入营业外收入，营业利润减营业外收支调整即得到利润总额。

单位：元

项目	本期发生额	上期发生额
一、营业总收入	23,985,250,720.77	26,216,386,516.45
其中：营业收入	23,985,250,720.77	26,216,386,516.45
利息收入		
已赚保费		
手续费及佣金收入		
二、营业总成本	24,212,397,899.41	26,361,603,434.25
其中：营业成本	22,254,159,822.00	24,719,555,942.84
利息支出		
手续费及佣金支出		
退保金		
赔付支出净额		
提取保险合同准备金净额		
保单红利支出		
分保费用		
营业税金及附加	43,862,493.32	27,134,057.98
销售费用	671,962,490.62	519,573,815.27
管理费用	701,503,472.26	527,509,934.73
财务费用	485,413,981.75	443,935,830.65
资产减值损失	55,495,639.46	123,893,852.78
加：公允价值变动收益(损失以“－”号填列)	16,746,209.23	-4,998,000.00
投资收益(损失以“－”号填列)	100,063,301.89	233,899,049.09
其中：对联营企业和合营企业的投资收益	-13,022,573.29	-66,712,097.35
汇兑收益(损失以“-”号填列)		
三、营业利润(亏损以“－”号填列)	-110,337,667.52	83,684,131.29

计算公式

① 营业利润 = 营业收入 – 营业成本 – 营业税金及附加 – 销售费用 – 管理费用 – 财务费用 – 资产减值损失 + 公允价值变动净收益 + 投资净收益

② 营业利润率 =（营业利润 / 营业收入）×100%

公允价值变动净收益

公允价值变动损益是指企业以各种资产，如投资性房地产、债务重组、非货币交换、交易性金融资产等公允价值变动形成的应计入当期损益的利得或损失，即公允价值与账面余额之间的差额。该项目反映了资产在持有期间因公允价值变动而产生的损益。

投资净收益

投资净收益指企业投资收益减投资损失后的净额。投资收益和投资损失是指企业对外投资所取得的收益或发生的损失。

营业利润永远是商业经济活动中的行为目标，没有足够的利润企业就无法继续生存，没有足够的利润，企业就无法继续扩大发展。

《首钢股份 2014 年年度利润表》显示，相比于 2013 年 83684131.29 元的营业利润，2014 年首钢股份的营业利润为 –110337667.52 元，也就是亏损 110337667.52 元。这个财务成果无疑是相当苦涩的，但是并不是企业经营上出了问题：

2014 年 4 月 25 日，首钢股份通过重组，将控股股东旗下的迁钢公司置入到上市公司中。迁钢公司虽然注入上市公司后，首钢股份的经营生产局面发生了重大变化，钢铁生产规模大幅提升，但这对上市公司业绩贡献却无济于事。受钢材需求不振、行业产能过剩严重等因素影响，2014 年完成重组后的首钢股份反而陷入亏损。

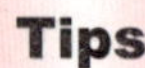

营业利润和营业利润率虽然是企业经营的重要指标，但是重大经营事项对这一指标的影响还是很大的，应该客观看待这一指标。

利润总额

利润总额指企业在生产经营过程中各种收入扣除各种耗费后的盈余，反映企业在报告期内实现的盈亏总额。

编制单位：首钢股份　　　　2014年7月　单位：万元

项目	本期发生额	上期发生额
三、营业利润(亏损以“－”号填列)	-110,337,667.52	83,684,131.29
加：营业外收入	15,687,068.55	14,374,428.57
其中：非流动资产处置利得		135,674.70
减：营业外支出	1,524,257.20	3,359,283.10
其中：非流动资产处置损失	8,572.71	6,661.90
四、利润总额(亏损总额以“－”号填列)	-96,174,856.17	94,699,276.76

营业外收入

营业外收入是指企业确认与企业生产经营活动没有直接关系的各种收入。包括非流动资产处置利得、非货币性资产交换利得、出售无形资产收益、债务重组利得、企业合并损益、盘盈利得、因债权人原因确实无法支付的应付款项、政府补助、教育费附加返还款、罚款收入、捐赠利得等。

营业外支出

营业外支出是指企业发生的与企业日常生产经营活动无直接关系的各项支出。包括非流动资产处置损失、非货币性资产交换损失、债务重组损失、公益性捐赠支出、非常损失、盘亏损失等。

计算公式

利润总额＝营业利润＋营业外收入－营业外支出

营业外收入/支出的来源

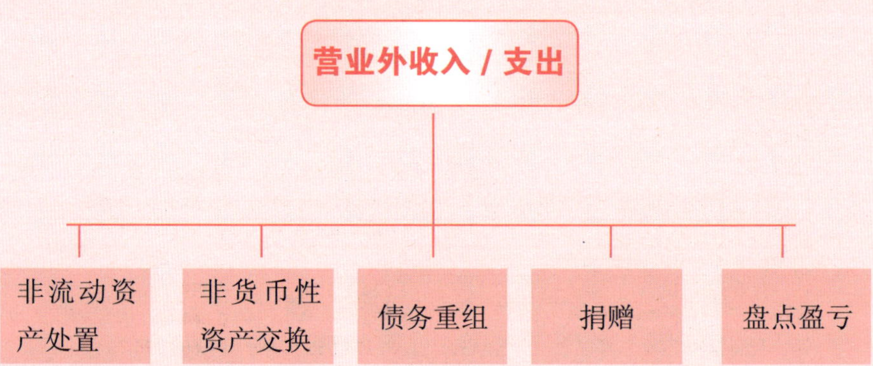

More

营业外的收入和支出

营业外收入／支出并不是由企业经营资金耗费所产生的，不需要企业付出代价，实际上是一种纯收入／支出，不需要与有关费用进行配比。因此，在会计核算上，应当严格区分营业外收入／支出与营业收入／支出的界限。通俗一点讲就是，除企业营业执照中规定的主营业务以及附属的其他业务之外的所有收入／支出视为营业外收入／支出。

净利润

净利润是指在利润总额中按规定交纳了所得税后公司的利润留成，一般也称为税后利润或净利润。

单位：元

项目	本期发生额	上期发生额
四、利润总额(亏损总额以“－”号填列)	-96,174,856.17	94,699,276.76
减：所得税费用	-67,613,347.30	108,656,074.77
五、净利润(净亏损以“－”号填列)	-28,561,508.87	-13,956,798.01

计算公式

净利润 = 利润总额 – 所得税费用

净利润增长率 =（本年净利润 – 上年净利润）÷ 上年净利润 ×100%

我们常用净利润增长率代表企业当期净利润比上期净利润的增长幅度，指标值越大代表企业盈利能力越强。但是，这个指标也存在悖论，例如根据首钢股份 2014 年年度利润表中的数据，我们可以算出首钢股份 2014 年净利润增长率为 [–28561508.87–（–13956798.01）]/（–13956798.01）=104%，但是我们显然不能因此判断首钢股份的盈利能力变强了，因为本年（2014 年）和上年（2013 年）首钢股份都是在亏损的。如果上年净利润为负数时，怎么办？

有两种观点：

1. 上年净利润为负数或 0 时，只谈扭亏为盈 ××× 元。

2. 计算公式变为（本年净利润 – 上年净利润）÷ 上年净利润的绝对值 ×100%。

这两种办法都可以修正上年净利润为负数给净利润增长率这一指标带来的不利影响。

所得税费用

所得税费用是指企业经营利润应交纳的所得税。“所得税费用”一般不等于当期应交所得税，因为可能存在“暂时性差异”。因为国家征税政策规定，月度所得税征缴采取月度汇算清缴的方法实现，即多退少补的政策。企业在计算确定当期所得税（即当期应交所得税）以及递延所得税费用（或收益）的基础上，应将两者之和确认为利润表中的所得税费用（或收益），但不包括直接计入所有者权益的交易或事项的所得税影响。

项目	本期发生额	上期发生额
四、利润总额(亏损总额以“－”号填列)	-96,174,856.17	94,699,276.76
减：所得税费用	-67,613,347.30	108,656,074.77

所得税费用 = 当期所得税 + 递延所得税费用

对于上市公司来说，我们必须要根据《企业会计准则》的严格要求来进行所得税的管理，自2007年起我们全面执行新的企业会计准则，在这个会计准则当中剔除了应付税款法、递延法、利润清等方面的债务要求，要采取资产负债表的方法来进行财务核

Tips

对所得税有一定影响的项目主要有交易性金融资产、长期股权投资、可供出售的金融资产、投资性房地产、固定资产、无形资产、商誉、应收股利、应收帐款等会计科目。

算递延所得税。

对于资产负债表的所得税费用来说主要有如下内容。对于资产负债表日计算当期的会计利润来计算所得额时，应纳税所得额等于会计利润加上纳税调整增加额减去纳税调整减少额。这个公式中我们可以知道，纳税的调整增加额就是说企业利润减少，根据税法的要求，不能够在税前扣除相应的费用，比如是计提的资产减值损失或是公允价值变动损失，对于超过了工资标准的费用，以及行政罚款等费用的支出都不能在税前扣除。然而，纳税调整的减少额就是指企业的利润有所增加，根据税法的相关要求，不能计入收益项目里，特别是国库券的利息或是长期股权投资权的核算时，所得的税率如果是相等的，那么在所得税的确认时，不能引入投资收益里面。

More

如何提高净利润

净利润是一个企业经营的最终成果，净利润多，企业的经营效益就好；净利润少，企业的经营效益就差，它是衡量一个企业经营效益的主要指标。

净利润的多寡取决于两个因素，一是利润总额；其二就是所得税费用。

企业的所得税率都是法定的，所得税率愈高，净利润就愈少。我国现在有两种所得税率，一是一般企业 25% 的所得税率，即利润总额中的 25% 要作为税收上交国家财政；另外就是对三资企业和部分高科技企业采用的优惠税率，所得税率为 15%。当企业的经营条件相当时，所得税率较低企业的经营效益就要好一些。

每股收益

每股收益即每股盈利，又称每股税后利润、每股盈余，指税后利润与股本总数的比率。是普通股股东每持有一股所能享有的企业净利润或需承担的企业净亏损。每股收益通常被用来反映企业的经营成果，衡量普通股的获利水平及投资风险，是投资者等信息使用者据以评价企业盈利能力、预测企业成长潜力，进而做出相关经济决策的重要财务指标之一。

单位：元

项目	本期发生额	上期发生额
八、每股收益：		
(一)基本每股收益	0.0118	0.0187
(二)稀释每股收益	0.0118	0.0187

基本每股收益

基本每股收益是指企业应当按照属于普通股股东的当期净利润，除以发行在外普通股的加权平均数从而计算出的每股收益。

稀释每股收益

稀释每股收益是以基本每股收益为基础，假设企业所有发行在外的稀释性潜在普通股均已转换为普通股，从而分别调整归属于普通股股东的当期净利润以及发行在外普通股的加权平均数计算而得的每股收益。

稀释每股收益又称“冲淡每股收益”，是新会计准则所引入的一个全新概念，用来评价“潜在普通股”对每股收益的影响，以避免该指标虚增可能带来的信息误导。

潜在普通股是指赋予其持有者在报告期或以后期间享有取得普通股权利的一种金融工具或其他合同。我国企业发行的潜在普通股主要有可转换公司债券、认股权证、股份期权等。

稀释性潜在普通股，是指假设当期转换为普通股会减少每股收益的潜在普通股。对于亏损企业而言，稀释性潜在普通股是指假设当期转换为普通股会增加每股亏损金额的潜在普通股。

稀释每股收益是以基本每股收益为基础，假设企业所有发行在外的稀释性潜在普通股均已转换为普通股。从字面理解：在基本每股收益的基础上，潜在普通股（如公司发行的可转债）转换为普通股后，使普通股总数增加，重新计算每股收益，导致每股收益被稀释。

例如，当上市公司发行可转换公司债券以融资时，由于转股选择权的存在，这些可转换债券的利率低于正常条件下普通债券的利率，从而降低了上市公司的融资成本，在经营业绩和其他条件不变的情况下，相对提高了基本每股收益的金额。因此，考虑可转换公司债券的影响以计算和列报“稀释每股收益”，可以提供一个更可比、更有用的财务指标。

如果没有潜在普通股，稀释每股收益=基本每股收益。

计算公式

基本每股收益=归属于普通股股东的当期净利润÷当期发行在外普通股的加权平均数

归属于普通股股东的当期净利润=净利润-优先股股利

发行在外普通股加权平均数=期初发行在外普通股股数+当期新发行普通股股数×已发行时间÷报告期时间-当期回购普通股股数×已回购时间÷报告期时间

第3章

快速掌握资产负债表

资产负债表是企业在一定期间内的财务状况表。看懂资产负债表可以在最短的时间内了解企业的经营状况。本章教你怎样抓住资产负债表的重点，快速看透公司的资产以及股东的权益，判断公司的实力是否强大、公司过去是否获利、获利是否稳固以及公司目前累积获利是多少。

本章教你：

- 掌握公司的资产、负债和投资人权益。
- 了解公司到底值多少钱。
- 判断公司是否亏损严重。
- 了解股东投资是否获利。

资产负债表的定义和构成

资产负债表也叫财务状况表，表示企业在一定日期内的财务状况，即资产、负债和所有者权益的状况。透过资产负债表我们可以轻易地掌握公司的资产情况，也可以预估公司的获利能力。

表头

表头一般由公司名称、报表名称和资产负债表日期构成。

资产

资产是企业拥有的或控制的资源，包括流动资产、长期资产、固定资产以及其他资产（参见 p.56）。

Tips

资产负债表中左方的资产金额，必须同右方的负债加上所有者权益的金额相等。

首钢股份2014年年

项目	期末余额	期初余额
流动资产：		
货币资金	547,752,522.37	572,545,804.56
结算备付金		
拆出资金		
以公允价值计量且其变动计入当期损益的金融资产		12,691,000.00
衍生金融资产		
应收票据	376,839,486.67	146,067,335.85
应收账款	681,602,981.18	759,661,351.28
预付款项	51,684,883.02	1,803,710,969.64
应收保费		
应收分保账款		
应收分保合同准备金		
应收利息		
应收股利		257,187,176.75
其他应收款	19,336,977.36	35,402,281.03
买入返售金融资产		
存货	4,183,752,390.74	4,695,185,608.13
划分为持有待售的资产		4,223,177,914.47
一年内到期的非流动资产	38,195.44	38,195.44
其他流动资产	15,450,691.67	1,008,560,039.34
流动资产合计	5,876,458,128.45	13,514,227,676.49
非流动资产：		
发放贷款及垫款		
可供出售金融资产	6,253,836,328.70	2,800,944,483.20
持有至到期投资		
长期应收款		
长期股权投资	763,238,909.88	782,887,033.82
投资性房地产		
固定资产	37,263,684,213.71	35,686,380,391.96
在建工程	9,366,233,239.23	10,562,488,898.27
工程物资	143,423,281.22	126,181,419.11

项目	期末余额	期初余额
固定资产清理		
生产性生物资产		
油气资产		
无形资产	1,835,790,437.83	1,780,837,674.74
开发支出		
商誉		
长期待摊费用	992,523.59	1,030,718.99
递延所得税资产	42,668,176.63	43,985,964.64
其他非流动资产		
非流动资产合计	55,669,867,110.79	51,784,736,584.73
资产总计	61,546,325,239.24	65,298,964,261.22
流动负债：		
短期借款	5,438,090,000.00	3,147,417,486.77
向中央银行借款		
吸收存款及同业存放		
拆入资金		
以公允价值计量且其变动计入当期损益的金融负债		
衍生金融负债		
应付票据		10,260,000.00
应付账款	12,486,706,094.10	12,773,045,609.98
预收款项	1,446,107,111.26	1,550,067,034.10
卖出回购金融资产款		
应付手续费及佣金		
应付职工薪酬	64,880,697.61	42,016,674.75
应交税费	235,049,716.98	4,186,956.08
应付利息		9,433,169.17
应付股利		
其他应付款	5,171,408,623.84	8,373,507,915.67
应付分保账款		
保险合同准备金		
代理买卖证券款		
代理承销证券款		

后附之附注为本表的

（参照數　　事务所2011年

法定代表人：　　工作负责人：

More

资产负债表由资产、负债和所有者权益三部分组成。一般资产在表的左方，反映单位所有的各项财产、物资、债权和权利；负债和所有者权益则都在表的右方。负债列于表的右上方，反映公司长期和短期负债的项目，所有者权益列在表的右下方，反映所有者的资本和盈余。左右两方的数额相等。

> 资产负债表
> 负债＋所有者权益＝资产

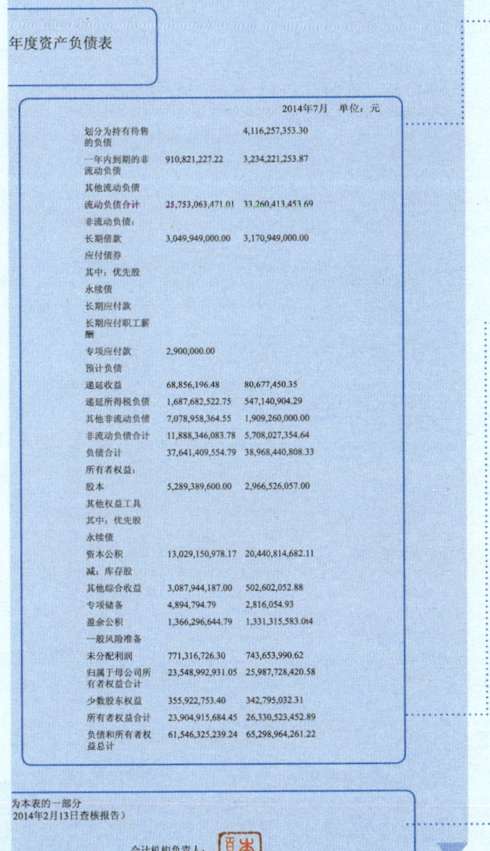
年度资产负债表

2014年7月　单位：元

划分为持有待售的负债		4,116,257,353.30
一年内到期的非流动负债	910,821,227.22	3,234,221,253.87
其他流动负债		
流动负债合计	25,753,063,471.01	33,260,413,453.69
非流动负债：		
长期借款	3,049,949,000.00	3,170,949,000.00
应付债券		
其中：优先股		
永续债		
长期应付款		
长期应付职工薪酬		
专项应付款	2,900,000.00	
预计负债		
递延收益	68,856,196.48	80,677,450.35
递延所得税负债	1,687,682,522.75	547,140,904.29
其他非流动负债	7,078,958,364.55	1,909,260,000.00
非流动负债合计	11,888,346,083.78	5,708,027,354.64
负债合计	37,641,409,554.79	38,968,440,808.33
所有者权益：		
股本	5,289,389,600.00	2,966,526,057.00
其他权益工具		
其中：优先股		
永续债		
资本公积	13,029,150,978.17	20,440,814,682.11
减：库存股		
其他综合收益	3,087,944,187.00	502,602,052.88
专项储备	4,894,794.79	2,816,054.93
盈余公积	1,366,296,644.79	1,331,315,583.0t4
一般风险准备		
未分配利润	771,316,726.30	743,653,990.62
归属于母公司所有者权益合计	23,548,992,931.05	25,987,728,420.58
少数股东权益	355,922,753.40	342,795,032.31
所有者权益合计	23,904,915,684.45	26,330,523,452.89
负债和所有者权益总计	61,546,325,239.24	65,298,964,261.22

为本表的一部分
2014年2月13日查核报告）

会计机构负责人：

负债

负债是企业将来需要以资产或者劳务偿还的债务。按照到期日期偿还分为两类：一类是短期负债，指一年之内到期偿还的债务；另一类是长期负债，指一年之后到期偿还的债务（参见 p.64）。

所有者权益

所有者权益也称净资产，是指从公司总资产中扣除负债后由所有者享有的剩余利益下的部分，也是股东的原始资本和累计盈余之和。它反映了所有者在企业资产中享有的经济利益（参见 p.66）。

签章

财务报表最后必须要有公司负责人、经理以及主管会计签章。有签章的财务报表可以用来证明报表是经公司财务负责人签署，以公司名义发出的正式的财务报表。

资产负债表的内容

资产负债表内容一般由 5 个主要项目组成，它们分别是：

流动资产

流动资产是指企业可以在1年或者超过1年的一个营业周期内变现或者运用的资产。内容包括货币资金、短期投资、应收票据、应收账款和存货等。

非流动资产

非流动性资产是指不能在1年或者超过1年的一个营业周期内变现或者耗用的资产。非流动资产是指流动资产以外的资产，主要包括持有到期投资、长期应收款、长期股权投资、工程物资、投资性房地产、固定资产、在建工程、无形资产、长期待摊费用、可供出售金融资产等。

单位：元

项目	期末余额	期初余额
流动资产：		
货币资金	547,752,522.37	572,545,804.56
结算备付金		
拆出资金		
以公允价值计量且其变动计入当期损益的金融资产		12,691,000.00
衍生金融资产		
应收票据	376,839,486.67	146,067,335.85
应收账款	681,602,981.18	759,661,351.28
预付款项	51,684,883.02	1,803,710,969.64
应收保费		
应收分保账款		
应收分保合同准备金		
应收利息		
应收股利		257,187,176.75
其他应收款	19,336,977.36	35,402,281.03
买入返售金融资产		
存货	4,183,752,390.74	4,695,185,608.13
划分为持有待售的资产		4,223,177,914.47
一年内到期的非流动资产	38,195.44	38,195.44
其他流动资产	15,450,691.67	1,008,560,039.34
流动资产合计	5,876,458,128.45	13,514,227,676.49
非流动资产：		
发放贷款及垫款		
可供出售金融资产	6,253,836,328.70	2,800,944,483.20
持有至到期投资		
长期应收款		
长期股权投资	763,238,909.88	782,887,033.82
投资性房地产		
固定资产	37,263,684,213.71	35,686,380,391.96
在建工程	9,366,233,239.23	10,562,488,898.27
工程物资	143,423,281.22	126,181,419.11
固定资产清理		
生产性生物资产		
油气资产		
无形资产	1,835,790,437.83	1,780,837,674.74
开发支出		
商誉		
长期待摊费用	992,523.59	1,030,718.99
递延所得税资产	42,668,176.63	43,985,964.64
其他非流动资产		
非流动资产合计	55,669,867,110.79	51,784,736,584.73
资产总计	61,546,325,239.24	65,298,964,261.22

接下表

接上表

流动负债：		
短期借款	5,438,090,000.00	3,147,417,486.77
向中央银行借款		
吸收存款及同业存放		
拆入资金		
以公允价值计量且其变动计入当期损益的金融负债		
衍生金融负债		
应付票据		10,260,000.00
应付账款	12,486,706,094.10	12,773,045,609.98
预收款项	1,446,107,111.26	1,550,067,034.10
卖出回购金融资产款		
应付手续费及佣金		
应付职工薪酬	64,880,697.61	42,016,674.75
应交税费	235,049,716.98	4,186,956.08
应付利息		9,433,169.17
应付股利		
其他应付款	5,171,408,623.84	8,373,507,915.67
应付分保账款		
保险合同准备金		
代理买卖证券款		
代理承销证券款		
划分为持有待售的负债		4,116,257,353.30
一年内到期的非流动负债	910,821,227.22	3,234,221,253.87
其他流动负债		
流动负债合计	25,753,063,471.01	33,260,413,453.69
非流动负债：		
长期借款	3,049,949,000.00	3,170,949,000.00
应付债券		
其中：优先股		
永续债		
长期应付款		
长期应付职工薪酬		
专项应付款	2,900,000.00	
预计负债		
递延收益	68,856,196.48	80,677,450.35
递延所得税负债	1,687,682,522.75	547,140,904.29
其他非流动负债	7,078,958,364.55	1,909,260,000.00
非流动负债合计	11,888,346,083.78	5,708,027,354.64
负债合计	37,641,409,554.79	38,968,440,808.33
所有者权益：		
股本	5,289,389,600.00	2,966,526,057.00
其他权益工具		
其中：优先股		
永续债		
资本公积	13,029,150,978.17	20,440,814,682.11
减：库存股		
其他综合收益	3,087,944,187.00	502,602,052.88
专项储备	4,894,794.79	2,816,054.93
盈余公积	1,366,296,644.79	1,331,315,583.04
一般风险准备		
未分配利润	771,316,726.30	743,653,990.62
归属于母公司所有者权益合计	23,548,992,931.05	25,987,728,420.58
少数股东权益	355,922,753.40	342,795,032.31
所有者权益合计	23,904,915,684.45	26,330,523,452.89
负债和所有者权益总计	61,546,325,239.24	65,298,964,261.22

流动负债

流动负债一般指短期负债，是指将在1年（含1年）或者超过1年的一个营业周期内偿还的债务，包括短期借款、应付票据、应付账款、预收账款、应付工资、应付福利费、应付股利、应交税金、其他暂收应付款项、预提费用和1年内到期的长期借款等。

非流动负债

非流动负债又称为长期负债。是指偿还期在1年或者超过1年的一个营业周期以上的债务。非流动负债的主要项目有长期借款和应付债券。非流动负债主要是企业为筹集长期投资项目所需资金而发生的，比如企业为购买大型设备而向银行借入的中长期贷款等。

所有者权益

所有者权益是指企业资产扣除负债后由所有者享有的剩余权益。包括实收资本（或股本）、资本公积、盈余公积和未分配利润。

计算公式

资产 = 流动资产 + 非流动资产

负债 = 流动负债 + 非流动负债

所有者权益 = 资产 – 负债

流动资产

流动资产是指企业可以在 1 年或者超过 1 年的一个营业周期内变现或者运用的资产。内容包括货币资金、短期投资、应收票据、应收账款和存货等。

货币资金

货币资金是指在企业生产经营过程中处于货币形态的那部分资金，按其形态和用途不同可分为库存现金、银行存款和其他货币资金，具有专门用途的货币资金不包括在内。其他货币资金包括外埠存款、银行汇票存款、银行本票存款、信用证保证金存款、信用卡存款、存出投资款等。

单位：元

项目	期末余额	期初余额
流动资产：		
货币资金	547,752,522.37	572,545,804.56
结算备付金		
拆出资金		
以公允价值计量且其变动计入当期损益的金融资产		12,691,000.00
衍生金融资产		
应收票据	376,839,486.67	146,067,335.85
应收账款	681,602,981.18	759,661,351.28
预付款项	51,684,883.02	1,803,710,969.64
应收保费		
应收分保账款		
应收分保合同准备金		
应收利息		
应收股利		257,187,176.75
其他应收款	19,336,977.36	35,402,281.03
买入返售金融资产		
存货	4,183,752,390.74	4,695,185,608.13
划分为持有待售的资产		4,223,177,914.47
一年内到期的非流动资产	38,195.44	38,195.44
其他流动资产	15,450,691.67	1,008,560,039.34
流动资产合计	5,876,458,128.45	13,514,227,676.49

以公允价值计量且其变动计入当期损益的金融资产

企业将某项金融资产指定为以公允价值计量且其变动计入当期损益的金融资产，通常是指该金融资产不满足确认为交易性金融资产条件时，企业仍可在符合条件的某些特定条件的情况下按其公允价值计量，并将其公允价值变动计入当期损益。

应收票据

应收票据是指企业持有的未到期或未兑现的商业票据。应收票据的分类按照到期时间可分为短期应收票据和长期应收票据，如无特指，应收票据即为短期应收票据。

应收账款

应收账款是指企业因销售商品、提供劳务等经营活动，应向购货单位或接受劳务单位收取的款项，主要包括企业销售商品或提供劳务等应向有关债务人收取的价款及代购货单位垫付的包装费、运杂费等。

预付款项

预付款项，包括对供货方客户的预付货款和对工程承包方的预付工程款等，通常属于流动资产。

存货

存货是指企业在日常活动中持有以备出售的原料或产品、处在生产过程中的在产品、在生产过程或提供劳务过程中耗用的材料、物料、销售存仓等。存货按不同的生产环节分为不同的种类，这里按照经济用途划分为以下几类：原材料、在产品、半成品、产成品、商品、周转材料、委托加工物资、消耗性物资。

More

预付账款与应收账款的区别

预付账款与应收账款都属于公司的债权，但两者产生的原因不同，应收账款是公司应收的销货款，通常是用货币清偿的，而预付账款是预付给供货单位的购货款或预付给施工单位的工程价款和材料款，通常是用商品、劳务或完工工程来清偿的。

非流动资产

非流动性资产是指不能在1年或者超过1年的一个营业周期内变现或者耗用的资产。非流动资产是指流动资产以外的资产，主要包括持有到期投资、长期应收款、长期股权投资、工程物资、投资性房地产、固定资产、在建工程、无形资产、长期待摊费用、可供出售金融资产等。

单位：元

项目	期末余额	期初余额
非流动资产：		
发放贷款及垫款		
可供出售金融资产	6,253,836,328.70	2,800,944,483.20
持有到期投资		
长期应收款		
长期股权投资	763,238,909.88	782,887,033.82
投资性房地产		
固定资产	37,263,684,213.71	35,686,380,391.96
在建工程	9,366,233,239.23	10,562,488,898.27
工程物资	143,423,281.22	126,181,419.11
固定资产清理		
生产性生物资产		
油气资产		
无形资产	1,835,790,437.83	1,780,837,674.74
开发支出		
商誉		
长期待摊费用	992,523.59	1,030,718.99
递延所得税资产	42,668,176.63	43,985,964.64
其他非流动资产		
非流动资产合计	55,669,867,110.79	51,784,736,584.73
资产总计	61,546,325,239.24	65,298,964,261.22

可供出售金融资产

可供出售金融资产通常是指企业初始确认时即被指定为可供出售的非衍生金融资产，以及没有划分为以公允价值计量且其变动计入当期损益的金融资产、持有至到期投资、贷款和应收款项的金融资产。

持有到期投资

持有到期投资，即原先的长期债券投资，期限、面值、利率均固定，且持有期限较长，主要为债券。此类投资以历史成本计量，但如发生减值，则需计提减值准备。

长期应收款

长期应收款指的是企业融资租赁产生的应收款项和采用递延方式分期收款、实质上具有融资性质的销售商品和提供劳务等经营活动产生的应收款项。

非流动资产与流动资产的区别

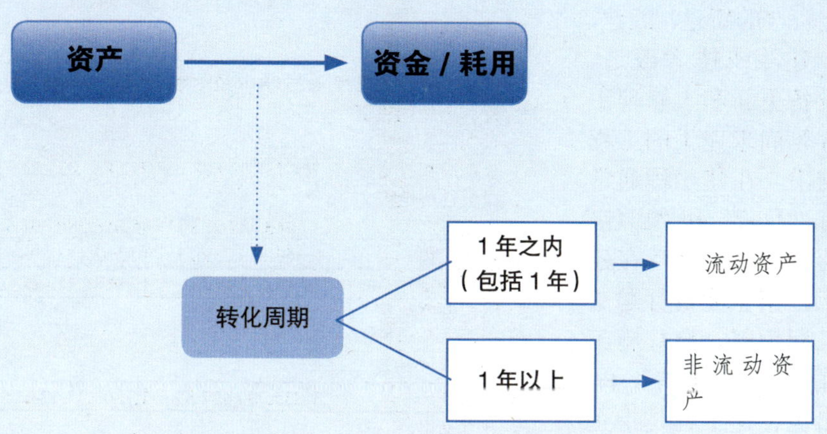

长期股权投资

长期股权投资是指通过投资取得被投资单位的股份。企业对其他单位的股权投资，通常视为长期持有，以及通过股权投资达到控制被投资单位，或对被投资单位施加重大影响，或为了与被投资单位建立密切关系，以分散经营风险。

投资性房地产

投资性房地产，是指为赚取租金或资本增值，或两者兼有而持有的房地产。投资性房地产应当能够单独计量和出售。投资性房地产主要包括已出租的土地使用权、持有并准备增值后转让的土地使用权和已出租的建筑物。

固定资产

固定资产是指企业为生产产品、提供劳务、出租或者经营管理而持有的、使用时间超过 12 个月的，价值达到一定标准的非货币性资产，包括房屋、建筑物、机器、机械、运输工具以及其他与生产经营活动有关的设备、器具、工具等。固定资产一般被分为生产用固定资产、非生产用固定资产、租出固定资产、未使用固定资产、不需用固定资产、融资租赁固定资产、接受捐赠固定资产等。

单位：元

项目	期末余额	期初余额
非流动资产：		
发放贷款及垫款		
可供出售金融资产	6,253,836,328.70	2,800,944,483.20
持有至到期投资		
长期应收款		
长期股权投资	763,238,909.88	782,887,033.82
投资性房地产		
固定资产	37,263,684,213.71	35,686,380,391.96
在建工程	9,366,233,239.23	10,562,488,898.27
工程物资	143,423,281.22	126,181,419.11
固定资产清理		
生产性生物资产		
油气资产		
无形资产	1,835,790,437.83	1,780,837,674.74
开发支出		
商誉		
长期待摊费用	992,523.59	1,030,718.99
递延所得税资产	42,668,176.63	43,985,964.64
其他非流动资产		
非流动资产合计	55,669,867,110.79	51,784,736,584.73
资产总计	61,546,325,239.24	65,298,964,261.22

在建工程

在建工程，指企业固定资产的新建、改建、扩建，或技术改造、设备更新和大修理工程等尚未完工的工程支出。在建工程通常有“自营”和“出包”两种方式。自营在建工程指企业自行购买工程用料、自行施工并进行管理的工程；出包在建工程是指企业通过签订合同，由其他工程队或单位承包建造的工程。

工程物资

工程物资是指用于固定资产建造的建筑材料（如钢材、水泥、玻璃等）、企业（民用航空运输）的高价周转件（例如飞机的引擎）等。买回来要再次加工建设的资产。

无形资产

无形资产是指企业拥有或者控制的没有实物形态的可辨认非货币性资产。无形资产包括专利权、商标权等。

长期待摊费用

长期待摊费用是指企业已经支出，但摊销期限在1年以上的各项费用。长期待摊费用不能全部计入当年损益，应当在以后年度内分期摊销，具体包括租入固定资产的改良支出及摊销期限在1年以上的其他待摊费用。

递延所得税资产

递延所得税资产，就是未来预计可以用来抵税的资产，是根据可抵扣暂时性差异及适用税率计算、影响（减少）未来期间应交所得税的金额。递延所得税是时间性差异对所得税的影响，在纳税影响会计法下才会产生递延税款。

流动负债

流动负债一般指短期负债，是指将在 1 年（含 1 年）或者超过 1 年的一个营业周期内偿还的债务，包括短期借款、应付票据、应付账款、预收账款、应付职工薪酬、应付福利费、应付股利、应交税金、其它暂收应付款项、预提费用和 1 年内到期的长期借款等。

短期借款

短期借款是指企业为维持正常的生产经营所需的资金或为抵偿某项债务而向银行或其他金融机构等外单位借入的、还款期限在1年以下（含1年）的各种借款。短期借款主要有经营周转借款、临时借款、结算借款、票据贴现借款、卖方信贷、预购定金借款和专项储备借款等。

单位：元

项目	期末余额	期初余额
流动负债：		
短期借款	5,438,090,000.00	3,147,417,486.77
向中央银行借款		
吸收存款及同业存放		
拆入资金		
以公允价值计量且其变动计入当期损益的金融负债		
衍生金融负债		
应付票据		10,260,000.00
应付账款	12,486,706,094.10	12,773,045,609.98
预收款项	1,446,107,111.26	1,550,067,034.10
卖出回购金融资产款		
应付手续费及佣金		
应付职工薪酬	64,880,697.61	42,016,674.75
应交税费	235,049,716.98	4,186,956.08
应付利息		9,433,169.17
应付股利		
其他应付款	5,171,408,623.84	8,373,507,915.67
应付分保账款		
保险合同准备金		
代理买卖证券款		
代理承销证券款		
划分为持有待售的负债		4,116,257,353.30
一年内到期的非流动负债	910,821,227.22	3,234,221,253.87
其他流动负债		
流动负债合计	25,753,063,471.01	33,260,413,453.69

应付票据

应付票据是指企业在商品购销活动和对工程价款进行结算因采用商业汇票结算方式而发生的，由出票人出票，委托付款人在指定日期无条件支付确定的金额给收款人或者票据的持票人，它包括商业承兑汇票和银行承兑汇票。在我国，商业汇票的付款期限最长为 6 个月，因而应付票据即短期应付票据。应付票据按是否带息分为带息应付票据和不带息应付票据两种。

单位：元

项目	期末余额	期初余额
流动负债：		
短期借款	5,438,090,000.00	3,147,417,486.77
向中央银行借款		
吸收存款及同业存放		
拆入资金		
以公允价值计量且其变动计入当期损益的金融负债		
衍生金融负债		
应付票据		10,260,000.00
应付账款	12,486,706,094.10	12,773,045,609.98
预收账款	1,446,107,111.26	1,550,067,034.10
卖出回购金融资产款		
应付手续费及佣金		
应付职工薪酬	64,880,697.61	42,016,674.75
应交税费	235,049,716.98	4,186,956.08
应付利息		9,433,169.17
应付股利		
其他应付款	5,171,408,623.84	8,373,507,915.67
应付分保账款		
保险合同准备金		
代理买卖证券款		
代理承销证券款		
划分为持有待售的负债		4,116,257,353.30
一年内到期的非流动负债	910,821,227.22	3,234,221,253.87
其他流动负债		
流动负债合计	25,753,063,471.01	33,260,413,453.69

应付账款

应付账款是指企业因购买材料、商品和接受劳务供应等而应付给供应单位的款项。

预收账款

预收账款是指企业按照合同规定或交易双方之约定，而向购买单位或接受劳务的单位在未发出商品或提供劳务前预收的款项。一般包括预收的货款、预收购货定金等。

应付职工薪酬

应付职工薪酬是企业根据有关规定应付给职工的各种薪酬，按照“工资、奖金、津贴、补贴”“职工福利”“社会保险费”“住房公积金”“工会经费”“职工教育经费”“解除职工劳动关系补偿”“非货币性福利”“其他与获得职工提供的服务相关的支出”等应付职工薪酬项目进行明细核算。

应交税费

应交税费是指企业根据在一定时期内取得的营业收入、实现的利润等，按照现行税法规定，采用一定的计税方法计提的应交纳的各种税费。应交税费包括企业依法交纳的增值税、消费税、营业税、企业所得税、资源税、土地增值税、城市维护建设税、房产税、土地使用税、车船税、教育费附加、矿产资源补偿费等税费，以及在上缴国家之前，由企业代收代缴的个人所得税等。而企业交纳的印花税、耕地占用税等不需要预计应交数的税金，不通过“应交税费”科目核算。

应付股利

应付股利是指按协议规定应该支付给投资者的利润。由于企业的资金通常有投资者投入，因此，企业在生产经营过程中实现的利润，在依法纳税后，还必须向投资人分配利润。而这些利润在应付未付之前暂时留在企业内，构成了企业的一项负债。

其他应付款

其他应付款是指企业在商品交易业务以外发生的应付和暂收款项。指企业除应付票据、应付账款、应付工资、应付利润等以外的应付、暂收其他单位或个人的款项。

1 年内到期的非流动负债

1 年内到期的非流动负债是指企业各种非流动负债在 1 年之内到期的金额，包括 1 年内到期的长期借款、长期应付款和应付债券。

流动负债的分类

类别	定义	举例	是否体现在财务报表中
金额确定的流动负债	债权人、偿还日期和需要偿付的金额确定的流动负债	短期借款、应付票据、预收账款以及已取得结算凭证的应付账款等	体现在财务报表中
金额视经营情况而定的流动负债	债权人、偿还日期等确定，但其负债金额需要根据企业实际经营过程中的销售额或营业额的实际情况确定	应付股利、应交税费等	财务报告期的企业实际经营情况已经确定，故可以确定金额，在财务报表中予以体现
金额视或有事项是否成立而定的流动负债	债权人和偿还日期不确定、偿还金额需要根据情况估计的流动负债	未决诉讼中的或有负债、担保事项产生的或有负债等	不体现在财务报表中

非流动负债

非流动负债又称为长期负债。是指偿还期在 1 年或者超过 1 年的一个营业周期以上的债务。非流动负债的主要项目有长期借款和应付债券。非流动负债主要是企业为筹集长期投资项目所需资金而发生的，比如企业为购买大型设备而向银行借入的中长期贷款等。

单位：元

项目	期末余额	期初余额
非流动负债：		
长期借款	3,049,949,000.00	3,170,949,000.00
应付债券		
其中：优先股		
永续债		
长期应付款		
长期应付职工薪酬		
专项应付款	2,900,000.00	
预计负债		
递延收益	68,856,196.48	80,677,450.35
递延所得税负债	1,687,682,522.75	547,140,904.29
其他非流动负债	7,078,958,364.55	1,909,260,000.00
非流动负债合计	11,888,346,083.78	5,708,027,354.64

长期借款

长期借款是指企业向银行或其他金融机构借入的期限在 1 年以上（不含 1 年）或超过 1 年的一个营业周期以上的各项借款。我国股份制企业的长期借款主要是向金融机构借入的各项长期性借款，如从各专业银行、商业银行取得的贷款；除此之外，还包括向财务公司、投资公司等金融企业借入的款项。

应付债券

应付债券是指企业为筹集长期资金而实际发行的债券及应付的利息，它是企业筹集长期资金的一种重要方式。

长期应付款

长期应付款是指除了长期借款和应付债券以外的其他多种长期应付款。主要有应付补偿贸易引进设备款和应付融资租入固定资产租赁费等。

专项应付款

专项应付款是企业接受国家作为企业所有者拨入的具有专门用途的款项所形成的不需要以资产或增加其他负债偿还的负债。

递延收益

递延收益是指企业根据政府补助准则确认的应在以后期间计入当期损益的政府补助金额。

递延所得税负债

递延所得税负债是指根据应税暂时性差异计算的未来期间应付所得税的金额。

流动负债和非流动负债的区别

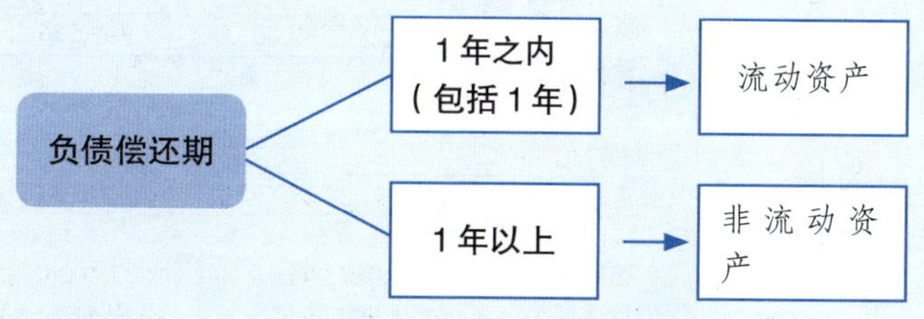

More

公司债券发行条件

中国《公司法》规定，公司发行债券有以下条件：

1. 上市公司。
2. 净资产15亿元以上。
3. 最近三个会计年度实现的年均可分配利润不少于公司债券一年的利息。
4. 信用级别良好。
5. 已经确定将要募集的资金投向。
6. 需要由金融机构或主要投资主体提供担保。

所有者权益

所有者权益是指企业资产扣除负债后由所有者享有的剩余权益。包括实收资本（或股本）、资本公积、盈余公积和未分配利润。

股本

股本又作股份、股份资本，是经公司章程授权、代表公司所有权的全部股份，既包括普通股也包括优先股，为构成公司股东权益的两个组成部分之一。

单位：元

项目	期末余额	期初余额
所有者权益：		
股本	5,289,389,600.00	2,966,526,057.00
其他权益工具		
其中：优先股		
永续债		
资本公积	13,029,150,978.17	20,440,814,682.11
减：库存股		
其他综合收益	3,087,944,187.00	502,602,052.88
专项储备	4,894,794.79	2,816,054.93
盈余公积	1,366,296,644.79	1,331,315,583.04
一般风险准备		
未分配利润	771,316,726.30	743,653,990.62
归属于母公司所有者权益合计	23,548,992,931.05	25,987,728,420.58
少数股东权益	355,922,753.40	342,795,032.31
所有者权益合计	23,904,915,684.45	26,330,523,452.89

资本公积

资本公积是指企业在经营过程中由于接受捐赠、股本溢价以及法定财产重估增值等原因所形成的公积金。包括资本（股本）溢价、其他资本公积、资产评估增值、资本折算差额。

盈余公积

盈余公积是指企业从税后利润中提取形成的、存留于企业内部、具有特定用途的收益积累。企业提取的盈余公积可用于弥补亏损、扩大生产经营、转增资本（或股本）或派送新股等。盈余公积分为法定盈余公积和任意盈余公积。

未分配利润

未分配利润是指企业实现的净利润经过弥补亏损、提取盈余公积和向投资者分配利润后留存在企业的、历年结存的利润。

所有者权益分类

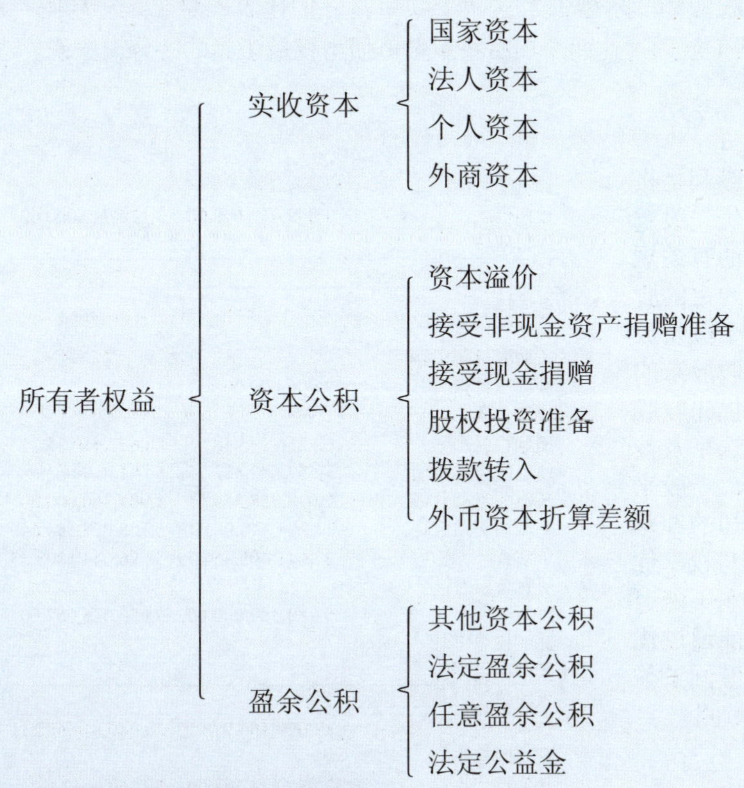

所有者权益是一种剩余权益

根据会计公式“资产 = 负债 + 所有者权益”，企业的资金来源于两个方面：一是债权人；二是所有者。债权人对企业资产的要求权形成了负债，所有者对企业资产的要求权形成了所有者权益。一般情况下，企业应该优先满足债权人的要求权（支付利息和偿还本金），再满足所有者的要求权。所以，所有者权益实际上是一种剩余权益。

优先股和永续债

我们在“非流动负债”和“所有者权益”这两个部分都可以看到“优先股”和“永续债”这两个项目，它们代表的意思是一样吗？这一节我们就通过这两个项目将金融负债与权益工具的区分说一说。

优先股

优先股股利是指企业按优先股发放章程的有关规定，按约定的股息率或金额发放给优先股股东的报酬。优先股股东没有选举及被选举权，一般来说对公司的经营没有参与权，优先股股东不能退股，只能通过优先股的赎回条款被公司赎回。

永续债

永续债券是指不规定到期期限，持有人也不能要求清偿本金，但可以按期取得利息的债券。

单位：万元

非流动负债：		
长期借款	3,049,949,000.00	3,170,949,000.00
应付债券		
其中：优先股		
永续债		
长期应付款		
长期应付职工薪酬		
专项应付款	2,900,000.00	
预计负债		
递延收益	68,856,196.48	80,677,450.35
递延所得税负债	1,687,682,522.75	547,140,904.29
其他非流动负债	7,078,958,364.55	1,909,260,000.00
非流动负债合计	11,888,346,083.78	5,708,027,354.64
负债合计	37,641,409,554.79	38,968,440,808.33
所有者权益：		
股本	5,289,389,600.00	2,966,526,057.00
其他权益工具		
其中：优先股		
永续债		
资本公积	13,029,150,978.17	20,440,814,682.11
减：库存股		
其他综合收益	3,087,944,187.00	502,602,052.88
专项储备	4,894,794.79	2,816,054.93
盈余公积	1,366,296,644.79	1,331,315,583.0t4
一般风险准备		
未分配利润	771,316,726.30	743,653,990.62
归属于母公司所有者权益合计	23,548,992,931.05	25,987,728,420.58
少数股东权益	355,922,753.40	342,795,032.31
所有者权益合计	23,904,915,684.45	26,330,523,452.89
负债和所有者权益总计	61,546,325,239.24	65,298,964,261.22

2014年3月17日，财政部以财会〔2014〕13号印发《金融负债与权益工具的区分及相关会计处理规定》。其中规定：

企业应当按照金融工具准则的规定，根据所发行金融工具的合同条款及其所反映的经济实质而非仅以法律形式，结合金融资产、金融负债和权益工具的定义，在初始确认时将该金融工具或其组成部分分类为金融资产、金融负债或权益工具。

也就是说，即使同样是“优先股”或“永续债”，由于其所反映的经济实质不同，因此可能会归入到不同的会计项目。

同样一张资产负债表中，“优先股”或“永续债”项目所反映的金额之间没有任何关系。

如何区别究竟是金融负债还是权益工具呢？

如果企业不能无条件地避免以交付现金或其他金融资产来履行一项合同义务，则该合同义务符合金融负债的定义。

如果发行的金融工具须用或可用企业自身权益工具结算，需要考虑用于结算该工具的企业自身权益工具，是作为现金或其他金融资产的替代品，还是为了使该工具持有人享有在发行方扣除所有负债后的资产中的剩余权益。如果是前者，该工具是发行方的金融负债；如果是后者，该工具是发行方的权益工具。

是金融负债还是权益工具？

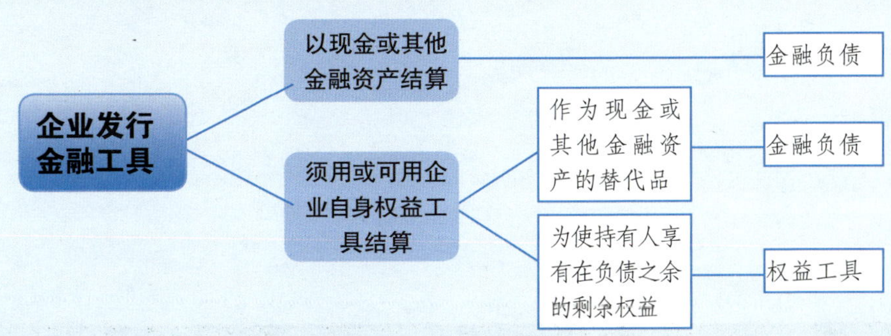

第4章

快速掌握现金流量表

现金流量表能够反映企业在一定时间内的现金往来状况。本章教你如何快速看懂现金流量表，进而根据现金流量表，判断公司现金的来源、公司筹措资金的能力、公司用于投资厂房设备的现金数额以及公司可供支配的现金额度等。

本章教你：

- ▶ 判断公司各项资金的来源以及去处。
- ▶ 判断公司的经营活动赚了多少钱。
- ▶ 判断公司近期是否有必须偿还的债务。
- ▶ 分析公司的现金是否够用。

4

现金流量表的定义和构成

现金流量表是反映企业一定时期内（如月度、季度或年度）经营活动、投资活动和筹资活动对其现金及现金等价物所产生影响的财务报表。作为一个分析的工具，现金流量表的主要作用是决定公司短期生存能力，特别是缴付账单的能力。其组成内容与资产负债表和损益表相一致。通过现金流量表，可以概括反映经营活动、投资活动和筹资活动对企业现金流入流出的影响，对于评价企业的实现利润、财务状况及财务管理有重要意义。

表头

表头一般由公司名称、报表名称和现金流量表日期构成。

内容

现金流量表主要由营业活动、投资活动和融资活动三部分现金流量数据组成。

首钢股份2014年年度现金流量表

单位：元

项目	本期发生额	上期金额发生额
一、经营活动产生的现金流量：		
销售商品、提供劳务收到的现金	18,413,281,464.34	18,861,791,872.01
客户存款和同业存放款项净增加额		
向中央银行借款净增加额		
向其他金融机构拆入资金净增加额		
收到原保险合同保费取得的现金		
收到再保险业务现金净额		
保户储金及投资款净增加额		
处置以公允价值计量且其变动计入当期损益的金融资产净增加额		
收取利息、手续费及佣金的现金		
拆入资金净增加额		
回购业务资金净增加额		
收到的税费返还	93,945,382.30	96,904,075.40
收到其他与经营活动有关的现金	67,508,307.82	374,923,884.05
经营活动现金流入小计	18,574,735,154.46	19,333,619,831.46
购买商品、接受劳务支付的现金	12,536,194,651.06	10,492,132,049.13
客户贷款及垫款净增加额		
存放中央银行和同业款项净增加额		
支付原保险合同赔付款项的现金		
支付利息、手续费及佣金的现金		
支付保单红利的现金		
支付给职工以及为职工支付的现金	1,625,186,330.83	1,584,179,430.07
支付的各项税费	472,286,387.31	375,018,824.35
支付其他与经营活动有关的现金	835,338,993.99	906,567,970.48
经营活动现金流出小计	15,469,006,363.19	13,357,898,274.03

现金流量表的作用

现金流量表的作用

- 有助于评价企业偿还能力和周转能力
- 有助于预测企业未来现金流量和评估企业的获利能力
- 有助于分析影响企业现金净流量的因素
- 评估企业短期内现金是否够用
- 评估企业的支付股利能力

经营活动产生的现金流量净额	3,105,728,791.27	5,975,721,557.43
二、投资活动产生的现金流量:		
收回投资收到的现金	23,125,533.39	
取得投资收益收到的现金	370,273,051.93	43,423,969.69
处置固定资产、无形资产和其他长期资产收回的现金净额		3,468,078.37
处置子公司及其他营业单位收到的现金净额	-1,642,790.33	
收到其他与投资活动有关的现金	3,563,868.84	11,479,327.00
投资活动现金流入小计	395,319,663.83	58,371,375.06
购建固定资产、无形资产和其他长期资产支付的现金	3,067,010,867.65	2,326,640,834.92
投资支付的现金	6,310,730.00	191,057,296.50
质押贷款净增加额		
取得子公司及其他营业单位支付的现金净额		
支付其他与投资活动有关的现金		
投资活动现金流出小计	3,073,321,597.65	2,517,698,131.42
投资活动产生的现金流量净额	-2,678,001,933.82	-2,459,326,756.36
三、筹资活动产生的现金流量:		
吸收投资收到的现金		
其中:子公司吸收少数股东投资收到的现金		
取得借款收到的现金	11,330,976,881.90	7,582,310,000.00
发行债券收到的现金		
收到其他与筹资活动有关的现金		
筹资活动现金流入小计	11,330,976,881.90	7,582,310,000.00
偿还债务支付的现金	10,798,838,513.42	10,196,680,727.87
分配股利、利润或偿付利息支付的现金	988,979,332.48	1,003,106,843.88
其中:子公司支付给少数股东的股利、利润		
支付其他与筹资活动有关的现金	2,117,283.06	1,694,902.61
筹资活动现金流出小计	11,789,935,128.96	11,201,482,474.36
筹资活动产生的现金流量净额	-458,958,247.06	-3,619,172,474.36
四、汇率变动对现金及现金等价物的影响		
五、现金及现金等价物净增加额	-31,231,389.61	-102,777,673.29
加:期初现金及现金等价物余额	578,983,911.98	681,761,585.27
六、期末现金及现金等价物余额	547,752,522.37	578,983,911.98

后附之附注为本表的一部分
(参照勤通会计事务所2014年2月13日查核报告)

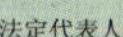

工作负责人:

会计机构负责人:

Tips

现金流量表中的“现金”不仅仅包括现金,还包括现金等价物。现金指的是现金货币以及银行存款。现金等价物指的是可以转变成现金的有价证券。

签章

财务报表最后必须要有公司负责人、经理以及主管会计签章。有签章的财务报表可以用来证明报表是经公司财务负责人签署,以公司名义发出的正式的财务报表。

经营活动产生的现金流量

经营活动产生的现金流量是指与公司的营业活动有关的现金往来情况。判断一家公司的好坏，重要的一点就是看该公司的现金是否充足。现金流量大的公司一般资金周转快，营业活动效率高，获利能力强。

现金流量表的经营活动产生的现金流量分为经营活动现金流入、经营活动现金流出和经营活动产生的现金流量净额。

单位：元

项目	本期发生额	上期金额发生额
一、经营活动产生的现金流量：		
销售商品、提供劳务收到的现金	18,413,281,464.34	18,861,791,872.01
客户存款和同业存放款项净增加额		
向中央银行借款净增加额		
向其他金融机构拆入资金净增加额		
收到原保险合同保费取得的现金		
收到再保险业务现金净额		
保户储金及投资款净增加额		
处置以公允价值计量且其变动计入当期损益的金融资产净增加额		
收取利息、手续费及佣金的现金		
拆入资金净增加额		
回购业务资金净增加额		
收到的税费返还	93,945,382.30	96,904,075.40
收到其他与经营活动有关的现金	67,508,307.82	374,923,884.05
经营活动现金流入小计	18,574,735,154.46	19,333,619,831.46
购买商品、接受劳务支付的现金	12,536,194,651.06	10,492,132,049.13
客户贷款及垫款净增加额		
存放中央银行和同业款项净增加额		
支付原保险合同赔付款项的现金		
支付利息、手续费及佣金的现金		
支付保单红利的现金		
支付给职工以及为职工支付的现金	1,625,186,330.83	1,584,179,430.07
支付的各项税费	472,286,387.31	375,018,824.35
支付其他与经营活动有关的现金	835,338,993.99	906,567,970.48
经营活动现金流出小计	15,469,006,363.19	13,357,898,274.03
经营活动产生的现金流量净额	3,105,728,791.27	5,975,721,557.43

销售商品、提供劳务收到的现金

销售商品、提供劳务收到的现金是指企业本期销售商品、提供劳务收到的现金，以及前期销售商品、提供劳务本期收到的现金（包括销售收入和应向购买者收取的增值税销项税额）和本期预收的款项，减去本期销售本期退回商品和前期销售本期退回商品支付的现金。企业销售材料和代购代销业务收到的现金，也在本项目反映。

收到的税费返还

收到的税费返还是指企业收到返还的所得税、增值税、营业税、消费税、关税和教育费附加等各种税费返还款。

收到其他与经营活动有关的现金

收到其他与经营活动有关的现金是指企业经营租赁收到的租金等其他与经营活动有关的现金流入，金额较大的应当单独列示。

购买商品、接受劳务支付的现金

购买商品、接受劳务支付的现金是指企业本期购买商品、接受劳务实际支付的现金（包括增值税进项税额），以及本期支付前期购买商品、接受劳务的未付款项和本期预付款项，减去本期发生的购货退回收到的现金。企业购买材料和代购代销业务支付的现金，也在本项目反映。

支付给职工以及为职工支付的现金

支付给职工以及为职工支付的现金是指企业本期实际支付给职工的工资、奖金、各种津贴和补贴等职工薪酬（包括代扣代缴的职工个人所得税）。

支付的各项税费

支付的各项税费是指企业本期发生并支付、以前各期发生本期支付以及预交的各项税费，包括所得税、增值税、营业税、消费税、印花税、房产税、土地增值税、车船使用税、教育费附加等。

支付其他与经营活动有关的现金

支付其他与经营活动有关的现金是指企业经营租赁支付的租金、支付的差旅费、业务招待费、保险费、罚款支出等其他与经营活动有关的现金流出，金额较大的应当单独列示。

经营活动产生的现金流量净额

经营活动现金流量净额是经营活动现金流入与经营活动现金流出的差额。

投资活动产生的现金流量

投资活动产生的现金流量是指企业长期资产（通常指 1 年以上）的购建及其处置产生的现金流量，包括购建固定资产、长期投资现金流量和处置长期资产现金流量，并按其性质分项列示。

单位：元

项目	本期发生额	上期金额发生额
二、投资活动产生的现金流量：		
收回投资收到的现金	23,125,533.39	
取得投资收益收到的现金	370,273,051.93	43,423,969.69
处置固定资产、无形资产和其他长期资产收回的现金净额		3,468,078.37
处置子公司及其他营业单位收到的现金净额	-1,642,790.33	
收到其他与投资活动有关的现金	3,563,868.84	11,479,327.00
投资活动现金流入小计	395,319,663.83	58,371,375.06
购建固定资产、无形资产和其他长期资产支付的现金	3,067,010,867.65	2,326,640,834.92
投资支付的现金	6,310,730.00	191,057,296.50
质押贷款净增加额		
取得子公司及其他营业单位支付的现金净额		
支付其他与投资活动有关的现金		
投资活动现金流出小计	3,073,321,597.65	2,517,698,131.42
投资活动产生的现金流量净额	-2,678,001,933.82	-2,459,326,756.36

收回投资收到的现金

收回投资收到的现金是指企业出售、转让或到期收回除现金等价物以外的短期投资、长期股权投资而收到的现金，以及收回长期债权投资本金而收到的现金。不包括长期债权投资收回的利息，以及收回的非现金资产。

取得投资收益收到的现金

取得投资收益收到的现金是指企业因各种投资而分得的现金股利、利润、利息等。

处置固定资产、无形资产和其他长期资产收回的现金净额

处置固定资产、无形资产和其他长期资产而收到的现金净额是指企业处置固定资产、无形资产和其他长期资产所取得的现金，扣除为处置这些资产而支付的有关费用后的净额。由于自然灾害所造成的固定资产等长期资产损失而收到的保险赔偿收入，也在本项目反映。

处置子公司及其他营业单位收到的现金净额

处置子公司及其他营业单位收到的现金净额是指企业处置子公司及其他营业单位所取得的现金，减去相关处置费用以及子公司及其他营业单位持有的现金和现金等价物后的净额。

收到其他与投资活动有关的现金

收到的其他与投资活动有关的现金是指企业除了上述各项以外，收到的其他与投资活动有关的现金流入。其他现金流入如价值较大的，应单列项目反映。

企业购买股票和债券

企业购买股票和债券时，实际支付的价款中包含的已宣告但尚未领取的现金股利或已到付息期但尚未领取的债券的利息，应在投资活动的“支付的其他与投资活动有关的现金”项目反映；收回购买股票和债券时支付的已宣告但尚未领取的现金股利或已到付息期但尚未领取的债券的利息，应在投资活动的“收到的其他与投资活动有关的现金”项目反映。

单位：元

项目	本期发生额	上期金额发生额
二、投资活动产生的现金流量：		
收回投资收到的现金	23,125,533.39	
取得投资收益收到的现金	370,273,051.93	43,423,969.69
处置固定资产、无形资产和其他长期资产收回的现金净额		3,468,078.37
处置子公司及其他营业单位收到的现金净额	-1,642,790.33	
收到其他与投资活动有关的现金	3,563,868.84	11,479,327.00
投资活动现金流入小计	395,319,663.83	58,371,375.06
购建固定资产、无形资产和其他长期资产支付的现金	3,067,010,867.65	2,326,640,834.92
投资支付的现金	6,310,730.00	191,057,296.50
质押贷款净增加额		
取得子公司及其他营业单位支付的现金净额		
支付其他与投资活动有关的现金		
投资活动现金流出小计	3,073,321,597.65	2,517,698,131.42
投资活动产生的现金流量净额	-2,678,001,933.82	-2,459,326,756.36

购建固定资产、无形资产和其他长期资产所支付的现金

购建固定资产、无形资产和其他长期资产所支付的现金是指企业购买、建造固定资产，取得无形资产和其他长期资产所支付的现金，不包括为购建固定资产而发生的借款利息资本化的部分，以及融资租入固定资产支付的租赁费，借款利息和融资租入固定资产支付的租赁费，在筹资活动产生的现金流量中单独反映。企业以分期付款方式购建的固定资产，其首次付款支付的现金作为投资活动的现金流出，以后各期支付的现金作为筹资活动的现金流出。

投资支付的现金

投资所支付的现金是指企业进行各种性质的投资所支付的现金，包括企业取得的除现金等价物以外的短期股票投资、长期股权投资支付的现金、长期债券投资支付的现金，以及支付的佣金、手续费等附加费用。

取得子公司及其他营业单位支付的现金净额

取得子公司及其他营业单位支付的现金净额是指企业购买子公司及其他营业单位购买出价中以现金支付的部分，减去子公司及其他营业单位持有的现金和现金等价物后的净额。

支付其他与投资活动有关的现金

支付的其他与投资活动有关的现金是指企业除了上述各项以外，支付的其他与投资活动有关的现金流量。其他现金流出如价值较大的，应单列项目反映。

投资活动产生的现金流量净额

投资活动产生的现金流量净额是投资活动产生的现金流入和投资活动产生的现金流出的差额。

计算公式

投资活动产生的现金流量净额 = 投资活动产生的现金流入 − 投资活动产生的现金流出

筹资活动产生的现金流量

筹资活动现金流量是指导致企业资本及债务的规模和构成发生变化的活动所产生的现金流量。包括筹资活动的现金流入和归还筹资活动的现金流出，并按其性质分项列示。

单位：元

项目	本期发生额	上期金额发生额
三、筹资活动产生的现金流量：		
吸收投资收到的现金		
其中：子公司吸收少数股东投资收到的现金		
取得借款收到的现金	11,330,976,881.90	7,582,310,000.00
发行债券收到的现金		
收到其他与筹资活动有关的现金		
筹资活动现金流入小计	11,330,976,881.90	7,582,310,000.00
偿还债务支付的现金	10,798,838,513.42	10,196,680,727.87
分配股利、利润或偿付利息支付的现金	988,979,332.48	1,003,106,843.88
其中：子公司支付给少数股东的股利、利润		
支付其他与筹资活动有关的现金	2,117,283.06	1,694,902.61
筹资活动现金流出小计	11,789,935,128.96	11,201,482,474.36
筹资活动产生的现金流量净额	-458,958,247.06	-3,619,172,474.36

吸收投资收到的现金

吸收投资收到的现金是指企业以发行股票、债券等方式筹集资金实际收到的款项，减去直接支付给金融企业的佣金、手续费、宣传费、咨询费、印刷费等发行费用后的净额。

取得借款收到的现金

取得借款收到的现金是指企业举借各种短期、长期借款而收到的现金。

偿还债务支付的现金

偿还债务支付的现金是指企业以现金偿还债务的本金。

计算公式

筹资活动产生的现金流量净额＝筹资活动产生的现金流入－筹资活动产生的现金流出

分配股利、利润或偿付利息支付的现金

分配股利、利润或偿付利息支付的现金是指企业实际支付的现金股利、支付给其他投资单位的利润或用现金支付的借款利息、债券利息。

筹资活动产生的现金流量净额

筹资活动产生的现金流量净额是指筹资活动产生的现金流入和筹资活动产生的现金流出的差额

More

筹资活动的现金流量分析

筹资活动是指导致企业资本及债务规模和结构发生变化的活动。针对筹资活动的现金流量分析我们主要从以下两方面入手：

（1）筹资活动现金流量小于或等于零。这种情况的出现可能因为企业的筹资达到了一定的目的，利用经营活动产生的现金流量或者投资活动产生的现金流量在债务到期时进行偿还，也可能因为企业的投资活动或经营活动出现失误，需要变卖资产偿还债务。

（2）筹资活动现金流量大于零。分析一个企业的筹资活动现金流量大于零是否正常，关键看筹集资金的目的，可能是企业扩大规模，也可能是因为企业的投资失误出现亏损或者经营现金流量长期入不敷出所致。

现金及现金等价物

现金是指企业的库存现金以及可以随时用于支付的存款。

现金等价物是指企业持有的期限短、流动性强、易于转换为已知金额现金、价值变动风险很小的投资。现金等价物虽然不是现金，但其支付能力与现金的差别不大，可视为现金。如企业为保证支付能力，手持必要的现金，为了不使现金闲置，可以购买短期债券，在需要现金时，随时可以变现。

单位：元

项目	本期发生额	上期金额发生额
四、汇率变动对现金及现金等价物的影响		
五、现金及现金等价物净增加额	-31,231,389.61	-102,777,673.29
加：期初现金及现金等价物余额	578,983,911.98	681,761,585.27
六、期末现金及现金等价物余额	547,752,522.37	578,983,911.98

汇率变动对现金及现金等价物的影响

汇率变动对现金及现金等价物的影响是指企业外币现金流量折算为记账本位币时，所采用的现金流量发生日的即期汇率或按照系统合理的方法确定的、与现金流量发生日即期汇率近似的汇率折算的金额（编制合并现金流量表时还包括折算境外子公司的现金流量，应当比照处理）和“现金及现金等价物净增加额”中外币现金净增加额按期末汇率折算的金额之间的差额。

现金及现金等价物净增加额

现金及现金等价物净增加额是指企业在经营活动、投资活动、融资活动中产生的现金流量净额的总和，以及汇率变动对现金的影响。

期初现金及现金等价物余额

期初现金及现金等价物余额是指企业期初已持有的现金及现金等价物余额。

Tips

当现金及现金等价物若出现负数时，就要特别留意企业是否出现了资金周转不灵的情况。

期末现金及现金等价物余额

期末现金及现金等价物余额是指企业期末持有的现金及现金等价物余额。

计算公式

现金及现金等价物净增加额＝经营活动产生的现金流量净额＋投资活动产生的现金流量净额＋筹资活动产生的现金流量净额＋汇率变动对现金的影响

期末现金及现金等价物余额＝期初现金及现金等价物余额＋现金及现金等价物净增加额

More

记账本位币

记账本位币是指日常登记账簿时用以表示计量的货币。《中华人民共和国会计法》规定，会计核算以人民币为记账本位币。业务收支以人民币以外的货币为主的单位，可以选定其中一种货币作为记账本位币，但是编报的财务会计报告应当折算为人民币。在一般情况下，企业采用的记账本位币都是企业所在国使用的货币，记账本位币是与外币相对而言的，凡是记账本位币以外的货币都是外币。

第5章

快速掌握所有者权益变动表

所有者权益变动表可以反映所有者在一定的时间内所有者权益的增减情况。想了解一家公司有多少股东、公司股票有多少价值，都可以在所有者权益变动表里找到答案。

本章教你：

- 看懂公司股本的变化。
- 找到所有者权益增加或者减少的原因。
- 员工一年可以拿到多少红利？
- 现金股利与股票股利哪个发得多？
- 公司的保留盈余是否在增多？
- 公司的盈余是如何分配给股东的？

所有者权益变动表的定义和构成

所有者权益是指公司总资产中扣除负债所余下的部分。所有者权益代表了股东对企业的所有权，反映所有者在企业资产中享有的经济利益。从所有者权益变动表可以知道公司股东的权益变动情况。公司盈余和股本增加都会使所有者权益增加；若公司发生亏损或者分配现金股利的情况就会使所有者权益减少。

首钢股份 2014 年年度所有者权益变动表

单位：元

项目	本期									
	归属于母公司所有者权益									
	股本	资本公积	减：库存股	其他综合收益	专项储备	盈余公积	一般风险准备	少分配利润	少数股东权益	所有者权益合计
一、上年期末余额	2,966,526,057.00	20,440,814,682.11		502,602,052.88	2,816,054.93	1,331,315,583.04		743,653,990.62	342,795,032.31	26,330,523,452.89
加：会计政策变更										
前期差错更正										
同一控制下企业合并										
其他										
二、本年期初余额	2,966,526,057.00	20,440,814,682.11		502,602,052.88	2,816,054.93	1,331,315,583.04		743,653,990.62	342,795,032.31	26,330,523,452.89
三、本期增减变动金额(减少以“－”号填列)	2,322,863,543.00	-7,411,663,703.94		2,585,342,134.12	2,078,739.86	34,981,061.75		27,662,735.68	13,127,721.09	-2,425,607,768.44
(一)综合收益总额				2,585,342,134.12				62,643,797.43	-91,205,306.30	2,556,780,625.25
(二)所有者投入和减少资本	2,322,863,543.00								102,335,806.75	2,425,199,349.75
1．股东投入的普通股	2,322,863,543.00									2,322,863,543.00
2．其他权益工具持有者投入资本										
3．股份支付计入所有者权益的金额										
4．其他									102,335,806.75	102,335,806.75
(三)利润分配						34,981,061.75		-34,981,061.75		
1．提取盈余公积						34,981,061.75		-34,981,061.75		
2．提取一般风险准备										
3．对所有者(或股东)的分配										
4．其他										
(四)所有者权益内部结转		-7,411,528,604.97								-7,411,528,604.97
1．资本公积转增资本(或股本)										
2．盈余公积转增资本(或股本)										
3．盈余公积弥补亏损										
4．其他		-7,411,528,604.97								-7,411,528,604.97
(五)专项储备		-135,098.97			2,078,739.86				1,997,220.64	3,940,861.53
1．本期提取		-135,098.97			2,078,739.86				1,997,220.64	3,940,861.53
2．本期使用										
(六)其他										
四、本期期末余额	5,289,389,600.00	13,029,150,978.17		3,087,944,187.00	4,894,794.79	1,366,296,644.79		771,316,726.30	355,922,753.40	23,904,915,684.45

表头

表头一般由公司名称、报表名称和所有者权益变动表日期构成。

附表：上期金额

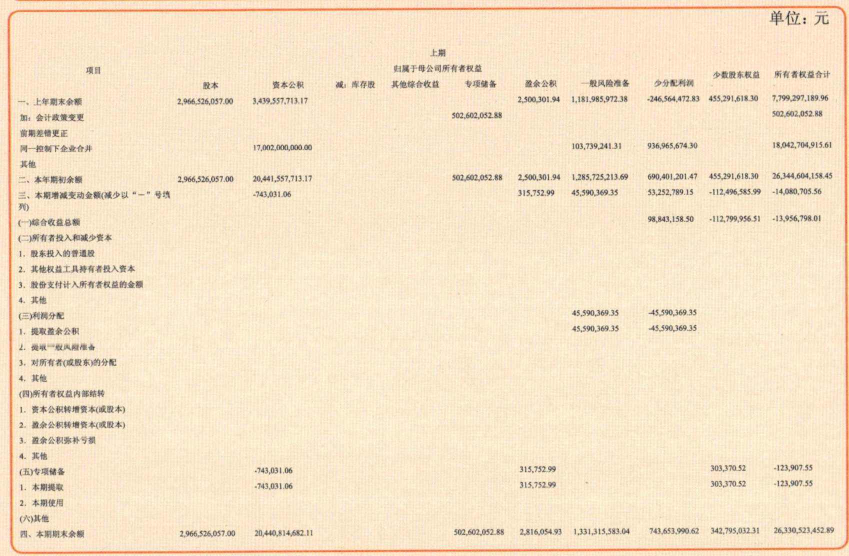

单位：元

项目	上期									
	归属于母公司所有者权益								少数股东权益	所有者权益合计
	股本	资本公积	减：库存股	其他综合收益	专项储备	盈余公积	一般风险准备	少分配利润		
一、上年期末余额	2,966,526,057.00	3,439,557,713.17				2,500,301.94	1,181,985,972.38	-246,564,472.83	455,291,618.30	7,799,297,189.96
加：会计政策变更					502,602,052.88					502,602,052.88
前期差错更正										
同一控制下企业合并		17,002,000,000.00					103,739,241.31	936,965,674.30		18,042,704,915.61
其他										
二、本年期初余额	2,966,526,057.00	20,441,557,713.17			502,602,052.88	2,500,301.94	1,285,725,213.69	690,401,201.47	455,291,618.30	26,344,604,158.45
三、本期增减变动金额(减少以"－"号填列)		-743,031.06				315,752.99	45,590,369.35	53,252,789.15	-112,496,585.99	-14,080,705.56
(一)综合收益总额								98,843,158.50	-112,799,956.51	-13,956,798.01
(二)所有者投入和减少资本										
1．股东投入的普通股										
2．其他权益工具持有者投入资本										
3．股份支付计入所有者权益的金额										
4．其他										
(三)利润分配							45,590,369.35	-45,590,369.35		
1．提取盈余公积							45,590,369.35	-45,590,369.35		
2．提取一般风险准备										
3．对所有者(或股东)的分配										
4．其他										
(四)所有者权益内部结转										
1．资本公积转增资本(或股本)										
2．盈余公积转增资本(或股本)										
3．盈余公积弥补亏损										
4．其他										
(五)专项储备		-743,031.06				315,752.99			303,370.52	-123,907.55
1．本期提取		-743,031.06				315,752.99			303,370.52	-123,907.55
2．本期使用										
(六)其他										
四、本期期末余额	2,966,526,057.00	20,440,814,682.11			502,602,052.88	2,816,054.93	1,331,315,583.04	743,653,990.62	342,795,032.31	26,330,523,452.89

后附之附注为本表的一部分

（参照勤通会计事务所2011年2月13日查核报告）

负责人：　　经理人：　　主要会计：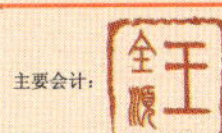

所有者权益变动表各项目

所有者权益变动表以矩阵的形式列示：一方面，列示导致所有者权益变动的交易或事项，即所有者权益变动的来源，对一定时期所有者权益的变动情况进行全面反映；另一方面，按照所有者权益各组成部分（即实收资本、资本公积、盈余公积、未分配利润和库存股）列示交易或事项对所有者权益各部分的影响。

签章

财务报表最后必须要有公司负责人、经理以及主管会计签章。有签章的财务报表可以用来证明报表是经公司财务负责人签署，以公司名义发出的正式的财务报表。

Tips

在财务报告的所有者权益变动表中往往还要附加上年的所有者权益变动表作为对照。

上年期末余额和本年期初余额

所有者权益表变动表“上年期末余额”栏内各项数字，应根据上年度所有者权益变动表“本年期末余额”内所列数字填列。上年度所有者权益变动表规定的各个项目的名称和内容同本年度不一致的，应对上年度所有者权益变动表各项目的名称和数字按照本年度的规定进行调整，填入所有者权益变动表的“上年期末余额”栏内。

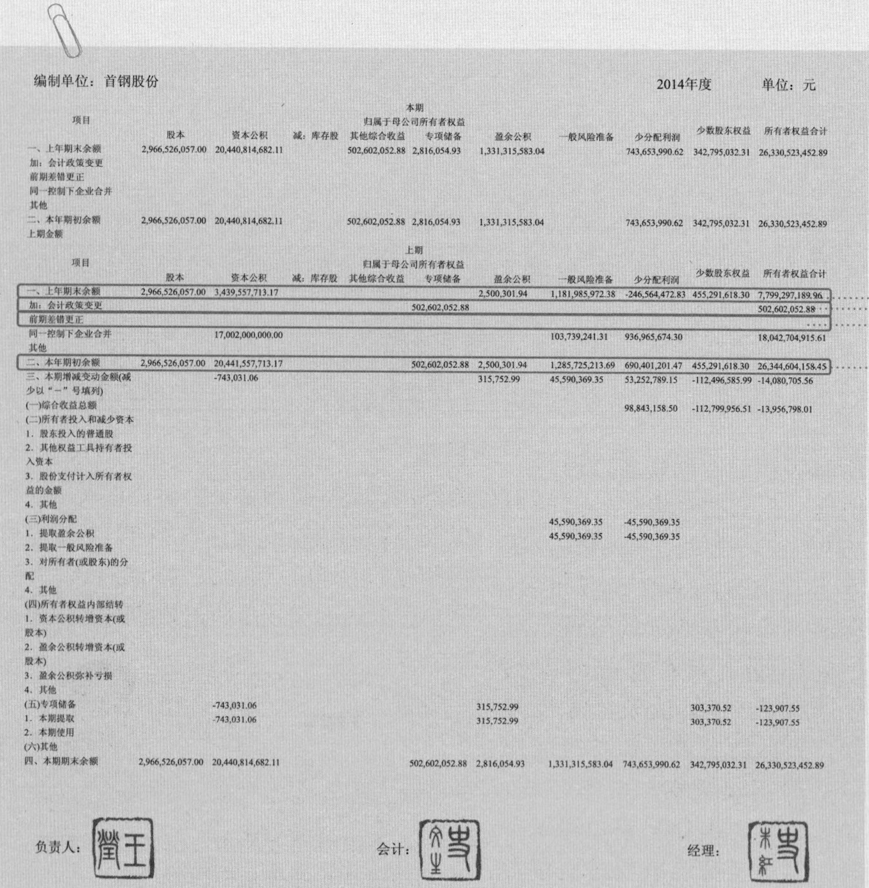

编制单位：首钢股份　　2014年度　　单位：元

项目	本期 归属于母公司所有者权益 股本	资本公积	减：库存股	其他综合收益	专项储备	盈余公积	一般风险准备	少分配利润	少数股东权益	所有者权益合计
一、上年期末余额	2,966,526,057.00	20,440,814,682.11		502,602,052.88	2,816,054.93	1,331,315,583.04		743,653,990.62	342,795,032.31	26,330,523,452.89
加：会计政策变更										
前期差错更正										
同一控制下企业合并										
其他										
二、本年期初余额	2,966,526,057.00	20,440,814,682.11		502,602,052.88	2,816,054.93	1,331,315,583.04		743,653,990.62	342,795,032.31	26,330,523,452.89
上期金额										

项目	上期 归属于母公司所有者权益 股本	资本公积	减：库存股	其他综合收益	专项储备	盈余公积	一般风险准备	少分配利润	少数股东权益	所有者权益合计
一、上年期末余额	2,966,526,057.00	3,439,557,713.17				2,500,301.94	1,181,985,972.38	-246,564,472.83	455,291,618.30	7,799,297,189.96
加：会计政策变更					502,602,052.88					502,602,052.88
前期差错更正										
同一控制下企业合并		17,002,000,000.00					103,739,241.31	936,965,674.30		18,042,704,915.61
其他										
二、本年期初余额	2,966,526,057.00	20,441,557,713.17			502,602,052.88	2,500,301.94	1,285,725,213.69	690,401,201.47	455,291,618.30	26,344,604,158.45
三、本期增减变动金额(减少以“－”号填列)		-743,031.06				315,752.99	45,590,369.35	53,252,789.15	-112,496,585.99	-14,080,705.56
(一)综合收益总额								98,843,158.50	-112,799,956.51	-13,956,798.01
(二)所有者投入和减少资本										
1．股东投入的普通股										
2．其他权益工具持有者投入资本										
3．股份支付计入所有者权益的金额										
4．其他										
(三)利润分配							45,590,369.35	-45,590,369.35		
1．提取盈余公积							45,590,369.35	-45,590,369.35		
2．提取一般风险准备										
3．对所有者(或股东)的分配										
4．其他										
(四)所有者权益内部结转										
1．资本公积转增资本(或股本)										
2．盈余公积转增资本(或股本)										
3．盈余公积弥补亏损										
4．其他										
(五)专项储备		-743,031.06				315,752.99			303,370.52	-123,907.55
1．本期提取		-743,031.06				315,752.99			303,370.52	-123,907.55
2．本期使用										
(六)其他										
四、本期期末余额	2,966,526,057.00	20,440,814,682.11			502,602,052.88	2,816,054.93	1,331,315,583.04	743,653,990.62	342,795,032.31	26,330,523,452.89

负责人：　　会计：　　经理：

上年期末余额

上年期末余额是指企业上年资产负债表中实收资本(或股本)、资本公积、盈余公积、未分配利润的年末余额。

会计政策变更

会计政策变更，是指企业对相同的交易或事项由原来采用的会计政策改用另一会计政策的行为。比较常见的会计政策变更有：企业在对被投资单位的股权投资在成本法和权益法核算之间的变更、坏账损失的核算在直接转销法和备抵法之间的变更、外币折算在现行汇率法和时态法或其他方法之间的变更等。

前期差错更正

前期差错是指由于没有运用或错误运用下列两种信息，而对前期财务报表造成省略或错报，包括编报前期财务报表时预期能够取得并加以考虑的可靠信息和前期财务报告批准报出时能够取得的可靠信息。企业应当在重要的前期差错发现当期的财务报表中，调整前期比较数据。

本年期初余额

本年期初余额是指企业上年资产负债表中实收资本(或股本)、资本公积、盈余公积、未分配利润的年末余额经过会计政策变更和前期差错更正之后得到的修正值。

计算公式

本年期初余额 = 上年期末余额 + 会计政策变更 + 前期差错更正

本期增减变动金额

在所有者权益变动表中，本期增减变动金额主要列示反映下列信息:（1）所有者权益总量的增减变动。（2）所有者权益增减变动的重要结构性信息。（3）直接计入所有者权益的利得和损失。

股本

股本又作股份、股份资本，是经公司章程授权、代表公司所有权的全部股份，既包括普通股也包括优先股，为构成公司股东权益的两个组成部分之一。

所有者投入和减少资本

所有者投入和减少资本是指企业当年所有者投入的资本和减少的资本。

编制单位：首钢股份　　2014年度

项目	本期 归属于母公司所有 股本	资本公积	减：库存股	其他综合收益
三、本期增减变动金额(减少以“－”号填列)	2,322,863,543.00	-7,411,663,703.94		2,585,342,134.12
(一)综合收益总额				2,585,342,134.12
(二)所有者投入和减少资本	2,322,863,543.00			
1．股东投入的普通股	2,322,863,543.00			
2．其他权益工具持有者投入资本				
3．股份支付计入所有者权益的金额				
4．其他				
(三)利润分配				
1．提取盈余公积				
2．提取一般风险准备				
3．对所有者(或股东)的分配				
4．其他				
(四)所有者权益内部结转		-7,411,528,604.97		
1．资本公积转增资本(或股本)				
2．盈余公积转增资本(或股本)				
3．盈余公积弥补亏损				
4．其他		-7,411,528,604.97		
(五)专项储备		-135,098.97		
1．本期提取		-135,098.97		
2．本期使用				
(六)其他				

资本公积

资本公积是指企业在经营过程中由于接受捐赠、股本溢价以及法定财产重估增值等原因所形成的公积金。包括资本（股本）溢价、其他资本公积、资产评估增值、资本折算差额。

库存股

库存股是指已经认购缴款，由发行公司通过购入、赠予或其他方式重新获得，可供再行出售或注销之用的股票。库存股股票既不分配股利，又不附投票权，一般只限于优先股，并且必须存入公司的金库。在公司的资产负债表上，库存股不能列为公司资产，而是以负数形式列为一项股东权益。

其他综合收益

其他综合收益是指企业根据企业会计准则规定未在损益中确认的各项利得和损失扣除所得税影响后的净额。

专项储备

专项储备用于核算高危行业企业按照规定提取的安全生产费以及维持简单再生产费用等具有类似性质的费用。

单位：元

有者权益 专项储备	盈余公积	一般风险准备	未分配利润	少数股东权益	所有者权益合计
2,078,739.86	34,981,061.75		27,662,735.68	13,127,721.09	-2,425,607,768.44
			62,643,797.43	-91,205,306.30	2,556,780,625.25
				102,335,806.75	2,425,199,349.75
					2,322,863,543.00
				102,335,806.75	102,335,806.75
	34,981,061.75		-34,981,061.75		
	34,981,061.75		-34,981,061.75		
					-7,411,528,604.97
					-7,411,528,604.97
2,078,739.86				1,997,220.64	3,940,861.53
2,078,739.86				1,997,220.64	3,940,861.53

盈余公积

盈余公积是指企业从税后利润中提取形成的、存留于企业内部、具有特定用途的收益积累。企业提取的盈余公积可用于弥补亏损、扩大生产经营、转增资本（或股本）或派送新股等。盈余公积分为法定盈余公积和任意盈余公积。

未分配利润

未分配利润是指企业实现的净利润经过弥补亏损、提取盈余公积和向投资者分配利润后留存在企业的、历年结存的利润。

计算公式

① 股本＋资本公积－库存股＋其他综合收益＋专项储备＋盈余公积＋未分配利润＝所有者综合权益

② 本期增减变动金额＝综合收益总额＋所有者投入和减少资本＋利润分配＋所有者权益内部结转＋专项储备＋其他

③ 所有者投入和减少资本＝股东投入的普通股＋其他权益工具持有者投入资本＋股份支付计入所有者权益的金额＋其他

④ 利润分配＝提取盈余公积＋对所有者（或股东）的分配＋其他

⑤ 所有者权益内部结转＝资本公积转增资本（或股本）＋盈余公积转增资本（或股本）＋盈余公积弥补亏损＋其他

⑥ 专项储备＝本期提取＋本期使用

库存股与未发行股本

公司由于各种原因依法收回自己出售的股票将其注销，或者等待时机进行再次出售的股票就是库存股。它是公司所有者权益的减项。未发行股票是指公司尚未发行的，也就是并未在外流通过的股票。两者之间的相同之处：都不是公司资产、不在外流通、不接受股份和参与公司表决。两者之间的区别在于：前者被发行并流通在外过，后者则从未在外流通过。

为防止股份公司在股市低迷之时将股票购回，从而使债权人的利益受到损害，在国外，股份公司回购自身股票成本不得高于保留盈余或保留盈余与资本公积之和。

在我国，法律对公司持有库存股的规定也非常严格，公司只有在缩减资本而注销股份，或是与持有本公司股票的其他公司合并时，才被允许持有库存股。

本期期末余额

所有者权益表变动表“本期期末余额”栏内各项数字，应根据本期所有者权益变动表“本年期初余额”加上“本期增减变动金额”得到。

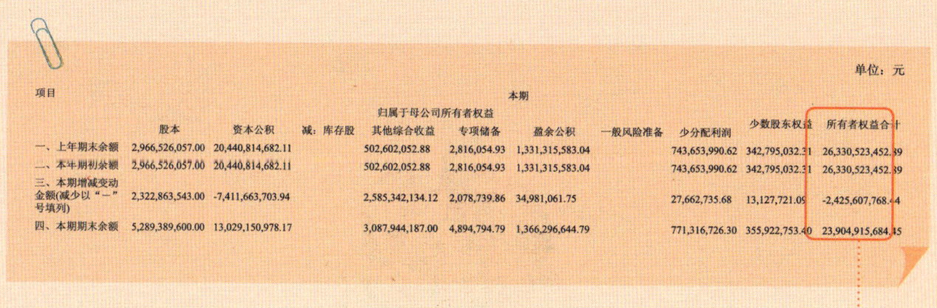

单位：元

项目	本期									
	归属于母公司所有者权益									
	股本	资本公积	减：库存股	其他综合收益	专项储备	盈余公积	一般风险准备	少分配利润	少数股东权益	所有者权益合计
一、上年期末余额	2,966,526,057.00	20,440,814,682.11		502,602,052.88	2,816,054.93	1,331,315,583.04		743,653,990.62	342,795,032.31	26,330,523,452.89
一、本年期初余额	2,966,526,057.00	20,440,814,682.11		502,602,052.88	2,816,054.93	1,331,315,583.04		743,653,990.62	342,795,032.31	26,330,523,452.89
三、本期增减变动金额(减少以“－”号填列)	2,322,863,543.00	-7,411,663,703.94		2,585,342,134.12	2,078,739.86	34,981,061.75		27,662,735.68	13,127,721.09	-2,425,607,768.44
四、本期期末余额	5,289,389,600.00	13,029,150,978.17		3,087,944,187.00	4,894,794.79	1,366,296,644.79		771,316,726.30	355,922,753.40	23,904,915,684.45

所有者权益合计

所有者权益合计是指企业投资人对企业净资产的所有权。企业净资产等于企业全部资产减去全部负债后的余额，其中包括企业投资人对企业的最初投入以及资本公积金、盈余公积金和未分配利润。

计算公式

本期期末余额 = 本年期初余额 + 本期增减变动金额

所有者权益与资产负债表、利润表的钩稽关系

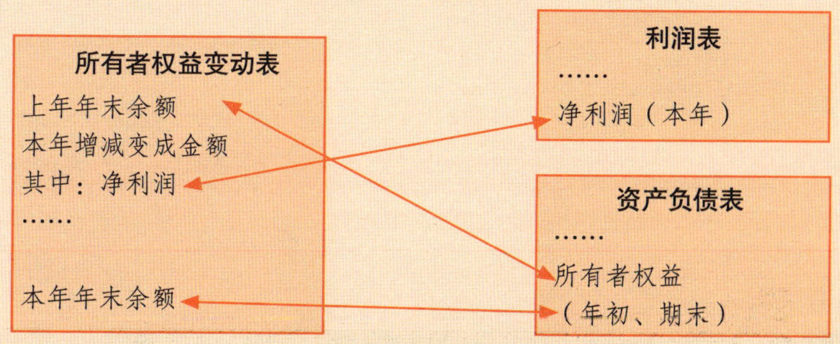

第6章

快速透视企业的赚钱能力

从财务报表中，投资人可以得到关于公司的一些运营状况的数据，但要想了解公司的竞争力发展前景、获利能力等，则需要借助财务比率。

本章教你：

▶ 跟同行相比您的商品有没有竞争力？

▶ 主营业务获利能力如何？

▶ 公司的整体获利能力强不强？

▶ 每投资一元钱为公司赚多少钱？

▶ 股东投资报酬率有多少？

财务比率一般指企业运营过程中的销售毛利率、营业利润率、净利率、股东权益报酬率、资产报酬率等五个方面。通过这些数据分析，你可以判断：公司的竞争力够不够？获利能力好不好？资产收益好不好，值不值得投资？每股盈余怎么样，买它的股票能赚吗？

总之，一切用数据来说话，本章教您一眼从财务报表中看出公司赚不赚钱。

如何观察企业的获利能力

获利能力是指企业获取利润的能力，它反映的是企业在一定时间内赚钱的多少和水平的高低。通过获利能力分析可以看出企业竞争力的高低。获利能力高的企业，股东才会赚到更多的钱。

如何判断企业获利能力的大小？如何分析企业值不值得投资？关键要看五个比率：①资产报酬率；②股东权益报酬率；③销售毛利率；④营业利润率；⑤净利率。

分析企业的获利能力时，可以将它与其同行业本期比率，或者与其上一期的比率相比较。

公司获利与否看这里

关键的财务比率说明

项目	意义	公式	相关报表
销售毛利率	判断公司产品是否具有市场竞争能力、成本是否控制得当	销售毛利 ÷ 营业收入净额 ×100%	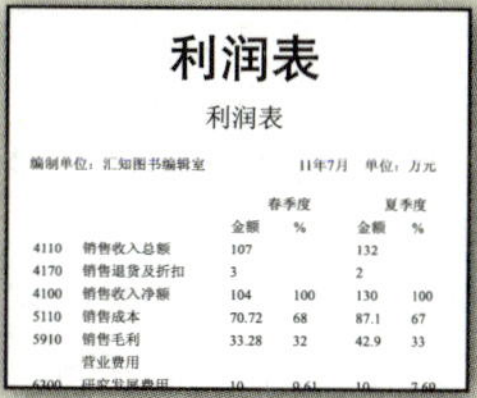 利润表
营业利润率	观察公司的获利能力，也就是公司主营业务能赚多少钱	营业利润 ÷ 营业收入总额 ×100%	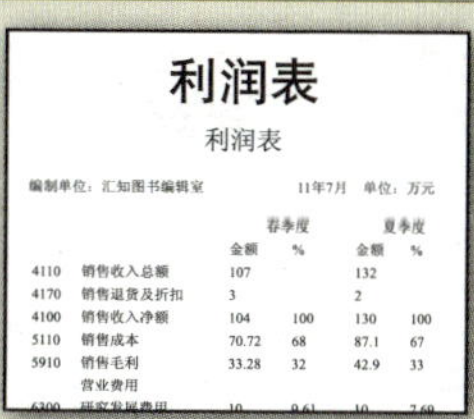 利润表
净利率 	观察公司的赚钱能力	税后净额 ÷ 营业收入净额 ×100%	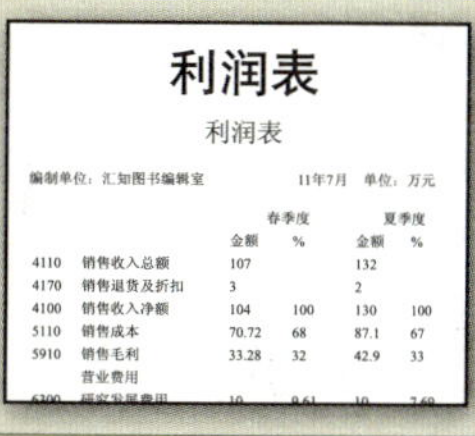 利润表
股东权益报酬率	股东投资的钱可以为公司赚多少钱	净利润 ÷ 股东权益平均总额 × 100%	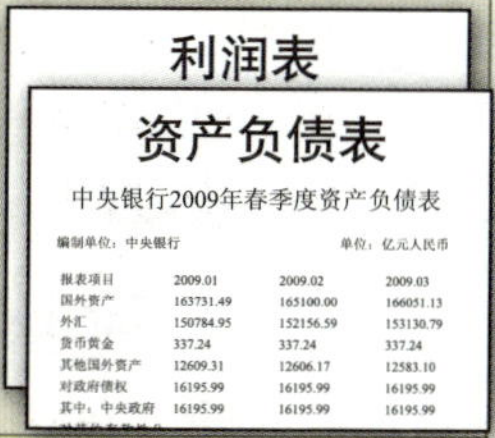 利润表 资产负债表
资产报酬率 	可以知道公司的财产是否被充分利用，公司每投资一元钱所产生的利润是高还是低	净利润 ÷ 资产平均总额 ×100%	 利润表 资产负债表

销售毛利率

在利润表中，营业收入扣除净额营业成本就是销售毛利，而营业毛利占营业收入的比率就是营业毛利率。营业毛利率可以反映企业每一元钱中有多少毛利，因此营业毛利率越高，企业就越赚钱。

Step-by-step

Step 1 看利润表，并找出销售毛利和营业收入净额各自的数据。

Step 2 将金额输入以下公式即可计算出毛利率。

① 营业收入净额 − 营业成本 = 销售毛利

② $\frac{\text{销售毛利}}{\text{营业收入净额}} \times 100\% = \text{销售毛利率}$

小故事

某公司 2009 年的销售毛利为 400 亿元，营业收入净额为 2000 亿元，则该公司的销售毛利率计算如下：

$$\frac{400\text{（亿元）}}{2000\text{（亿元）}} \times 100\% = 20\%$$ ← 销售毛利率

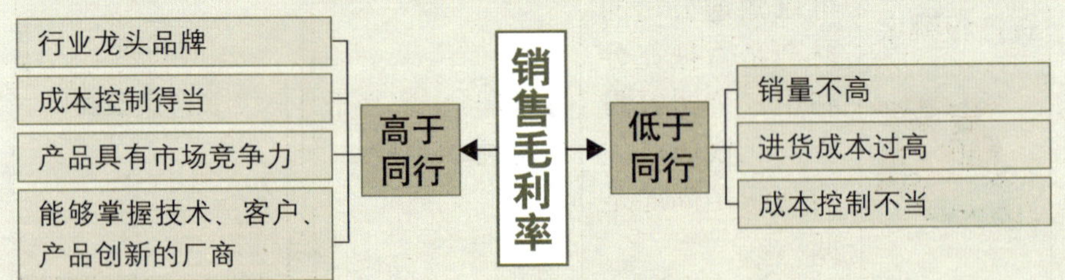

利润表

编制单位：惠通共达家居　　2010年7月　单位：万元

		春季度		夏季度	
		金额	%	金额	%
4110	销售收入总额	107		132	
4170	销售退货及折扣	3		2	
4100	销售收入净额	104	100	130	100
5110	销售成本	70.72	68	87.1	67
5910	销售毛利	33.28	32	42.9	33
	营业费用				
6300	研究发展费用	10	9.61	10	7.69
6200	行销费用	6	5.76	6.5	5
6100	管理费用	3.5	3.36	3.27	2.51
6000	合计	19.5	18.75	19.77	15.21
6900	营业利益	19.76	19	27.3	21
	营业外收入	1.05	1	1.25	1
7100	利息收入	0.05		0.05	

销售毛利率高低的意义

想要判断一个企业毛利率的高低，只能与它同行业的平均毛利率做比较才有意义。因为不同行业的毛利率各不相同。将企业毛利率与同行业平均毛利率比较后，可以迅速地看出企业毛利是否增长。

与本公司前期相比较

本期销售毛利率

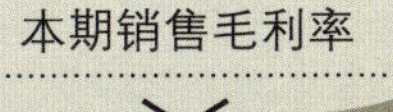

前期销售毛利率

公司产品越来越具有市场竞争力

本期销售毛利率

﹀

前期销售毛利率

公司产品越来越不具有市场竞争力

More

判断企业毛利率的高低

行业不同毛利率就不相同。一般来说，轻工业的毛利率在25%以上、重工业的毛利率在30%以上、服务业的毛利率在40%以上、买卖业毛利率在30%以上。判断一家企业毛利率是高还是低，只需将企业的毛利率与同业的平均毛利率相比较即可，如果其比同业平均毛利率高，那么企业产品市场竞争力和获利能力就强；反之，企业产品市场竞争力和获利能力就差。例如，IC设计行业的平均毛利率为30%，若公司的毛利率超过30%，企业毛利率才算高。

营业利润率

营业利润是指营业毛利扣除营业过程中的费用后所产生的利润。营业利润率则是营业利润占营业收入的百分比，又称作营业净利率。营业利润率越高表示公司运营状态中支出费用越少，也就是公司主营业务的赚钱能力越强。

Step-by-step

Step 1 从利润表中找出营业利润及营业收入总额的数据。

Step 2 将其输入以下公式，即可算出营业利润率。

$$\frac{\text{营业利润}}{\text{营业收入总额}} \times 100\% = \text{营业利润率}$$

小故事

某公司 2006 年第三季度的营业利润为 341 万元，销售收入总额为 1621 万元，那么它的营业利润率计算如下：

$$\frac{341\text{（万元）}}{1621\text{（万元）}} \times 100\% = 21\%$$ 营业利润率

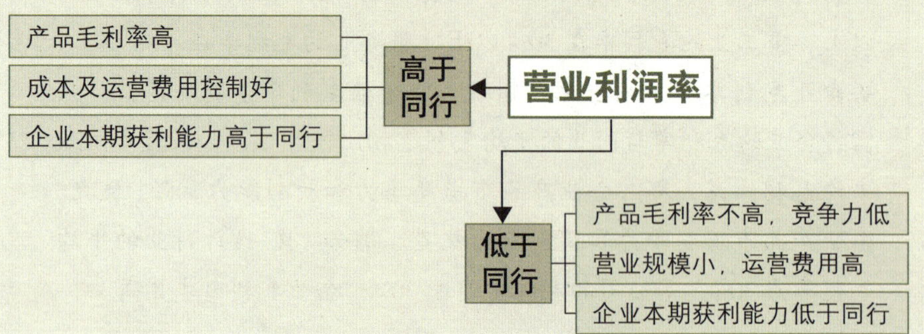

利润表

编制单位：惠通共达家居 2010年7月 单位：万元

		春季度		夏季度	
		金额	%	金额	%
4110	销售收入总额	107		132	
4170	销售退货及折扣	3		2	
4100	销售收入总额	104	100	130	100
5110	销售成本	70.72	68	87.1	67
5910	销售毛利	33.28	32	42.9	33
	营业费用				
6300	研究发展费用	10	9.61	10	7.69
6200	行销费用	6	5.76	6.5	5
6100	管理费用	3.5	3.36	3.27	2.51
6000	合计	19.5	18.75	19.77	15.21
6900	营业利润	19.76	19	27.3	21
	营业外收入	1.05	1	1.25	1
7100	利息收入	0.05		0.05	
7130	股份固定资产收入	0.76		0.76	
7150	技术财务收入	0.02		0.02	
7170	保险理赔收入净额	0.18		0.18	
7210	税利金收入净额	0.6		0.4	
7480	其他收入（附注16）	0.17		0.32	
7100	合计	2.55	2	2.76	2

Tips

不同的产业有着不同的成本和费用结构，所以不同行业的营业利润率不会相同。一般而言企业都以同业的平均利润率为标准，再根据企业前后两期的报表来确定企业在本期内是否在进步发展。

与公司前期数据比较

本期营业利润率 ＞ 前期营业利润率 → 企业本期的获利能力提升

本期营业利润率 ＜ 前期营业利润率 → 企业本期的获利能力下降

More

利益和利润

有时，企业的报表中不会出现利润表，而是出现“利益”字样，注意：利润是就现金、支票、股份等货币形式而言的，利益除包括利润外还包括地产、合约等非货币形式，所以营业利润属于营业利益。但在实际生活中，二者差别不大，往往被看成一样的概念。

净利率

净利是指公司本年度赚到的所有钱，既包括主营业务的利润也包括非主营业务的利润。净利率是指公司的税后净利占所有营业收入的比率，又称之为纯利率。考察纯利率可以知道本企业的每一分生意可以真正赚到多少钱，它是本企业赚钱能力的直观表现形式。

Step-by-step

Step 1 看利润表，找出税后净利金额及营业收入净额的数据。

Step 2 将其输入以下公式，计算即可获得净利率。

$$\frac{\text{税后净额}}{\text{营业收入净额}} \times 100\% = \text{净利率}$$

小故事

某公司2006年的营业税后净额为341万元，销售收入净额为1621万元，那么它的营业净利率计算如下：

$$\frac{341\text{（万元）}}{1621\text{（万元）}} \times 100\% = 21\%$$ ＜净利率

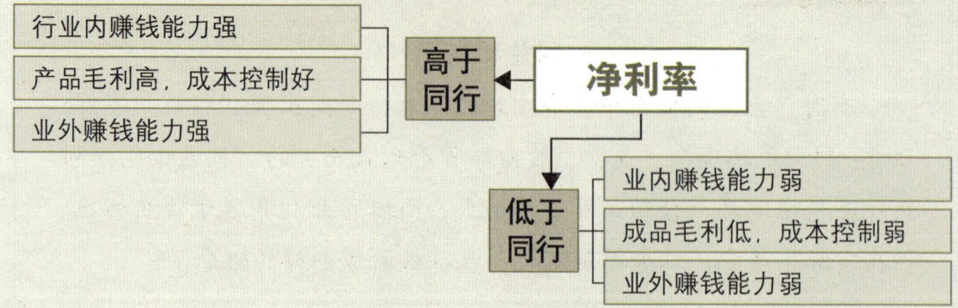

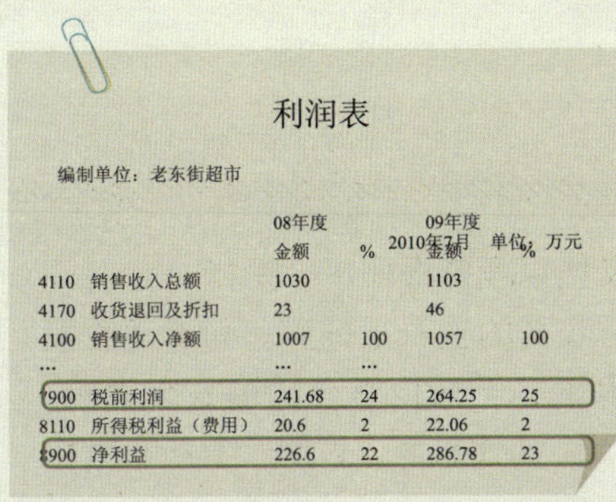

利润表

编制单位：老东街超市

2010年7月 单位：万元

		08年度 金额	%	09年度 金额	%
4110	销售收入总额	1030		1103	
4170	收货退回及折扣	23		46	
4100	销售收入净额	1007	100	1057	100
…		…	…		
7900	税前利润	241.68	24	264.25	25
8110	所得税利益（费用）	20.6	2	22.06	2
8900	净利益	226.6	22	286.78	23

由于各行业获利能力不一样，通过比较同一产业中的各公司的净利率，可以了解一家公司的净利率在同行业中表现如何。另外，也可以比较前后年度公司的净利率，从而了解本期公司是在发展还是在衰退。

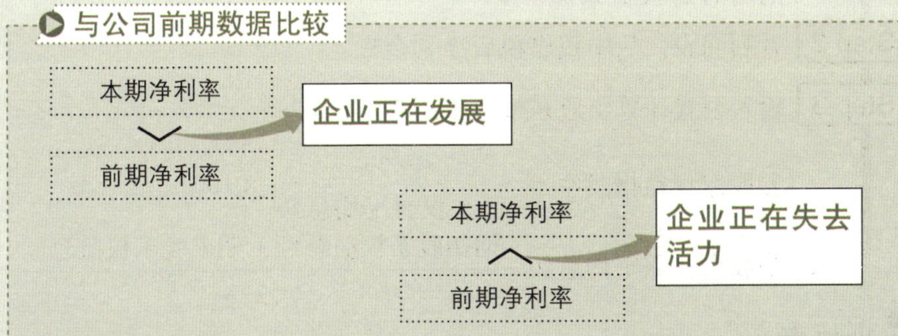

More

净利率和银行定期存利率

通常净利率要高于定存利率，因为公司经营本身是有风险的。承担风险的情况下，合理净利率应该比同期银行的定存利率要高。如果公司的净利率低于银行定存利率，这就意味着公司还不如停业，将运营资金转成定存，从而规避运营风险。

股东权益报酬率

股东权益报酬率也叫所有者权益或净值报酬率，是指一定时间周期内（如 1 年）普通股投资者所获得的投资报酬率。即普通股投资者每投一元钱到期能获得多少利润，一般以百分比形式来表示。比值越高，说明投资带来的收益越高；比值越低，说明企业所有者权益的获利能力越弱。

Step-by-step

Step 1 看资产负债表，找出上一年年底所有者权益余额和本年年底的所有者权益余额。

Step 2 看利润表，从中找出税后净利金额。

Step 3 输入公式计算出股东权益报酬率。

①$$股东权益报酬率=\frac{净利润}{股东权益平均总额}\times 100\%$$

②$$股东权益平均总额=\frac{期初股东权益总额+期末股东权益总额}{2}$$

小故事

某公司 2008 年年初股东权益金额为 2800 亿元，年底的股东权益金额为 3448 亿元，税后净利为 240 亿元，该公司 2008 年的股东权益报酬率的计算如下：

$$\frac{2800（亿元）+3448（亿元）}{2}=3124（亿元）$$ 平均股东权益

$$\frac{240（亿元）}{3124（亿元）}\times 100\%=7.68\%$$ 股东权益报酬率

资产负债表

编制单位：凡尔达汽配公司　　2010年7月　单位：万元

	负债及所有者权益	2007年年末	2008年年末	增减金额	增减幅度
	所有者权益（附注二及附注十三）				
	股本-每股10元				
3120	优先股发行（份数）	100000	100000	0	0%
3110	普通股发行（份数）	1000000	1200000	200000	20%
	资本公积				
3270	合并溢额及其他（附注二）	22530.49	23064.61	−534.12	−2.32%
3220	库藏股票交易	879.02	1000.97	121.95	13.87%
	保留盈余				
3310	法定公积	6916.32	5640.70	1275.62	22.61%
3320	特别盈余公积	2330.11	1539.51	790.60	51.35%
3350	未分配利润	15517.98	13306.36	2211.62	16.62%
3410	长期投资未实现跌价损失	−391.07	−184.95	−206.12	111.45%
3420	累计换算调整数	71164.62	66212.29	4952.33	7.48%
3610	库藏股票成本-5000股（附注二、附注三及附注十四）	6096.16			
3×××	所有者权益合计	118947.47	110974.49	5743.41	8.03%

利润表

编制单位：凡尔达汽配公司　　2010年1月　单位：万元

		2008年度		2009年度	
		金额	%	金额	%
4110	销售收入总额	1030	100	1103	100
4170	收货退回及折扣	23	2.231	46	4.17
4100	销售收入净额	1007	97.769	1057	95.83
5110	销售成本	684.76	68	708.19	67
5910	销售毛利	322.24	32	348.81	33
7900	税前利润	241.68	24	264.25	25
8110	所得税利益（费用）	20.6	2	22.06	2
8900	净利益	226.6	22	286.78	23

More

股东权益报酬率高的企业经营就一定好吗？

通常判断一个企业创造利润能力的大小依据的是股东权益报酬率的高低。一般股东权益报酬率高的企业，即意味着能为投资者赚到更多的钱。但是股东权益报酬率高并不一定代表公司的经营就好。因为公司股东权益报酬率居高也有可能是大量举债造成的，投资者应该认识到这样的公司隐含的债务风险。因此，投资者不能只看公司的股东权益报酬率，也要把它与其他的比率放在一起进行客观的分析。

股东权益报酬率高低的意义

判断企业股东权益报酬率高低的方法是：把该企业的股东权益报酬率与同行业的平均股东权益报酬率相比较，如果其所有者权益报酬率高于平均股东权益报酬率，表示该企业股东权益报酬高，反之则低。另外，将企业前后期的股东权益报酬率相比较，可以看出企业是否在成长。

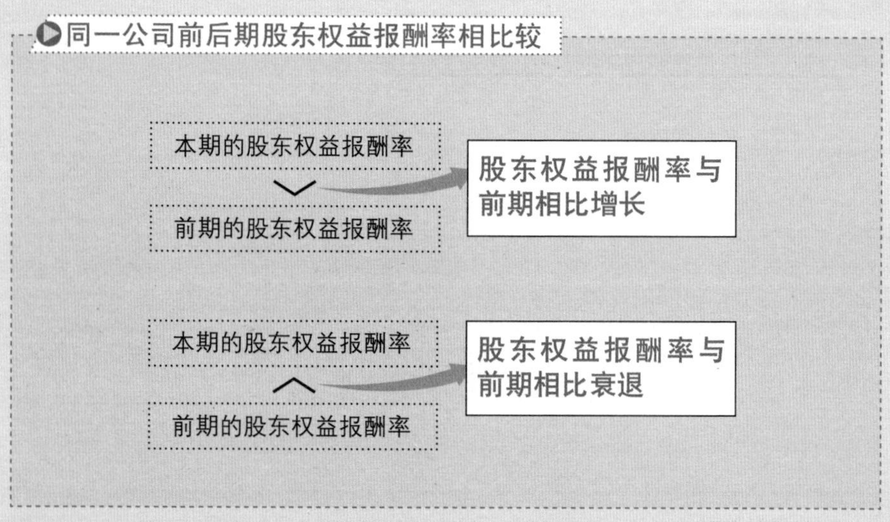

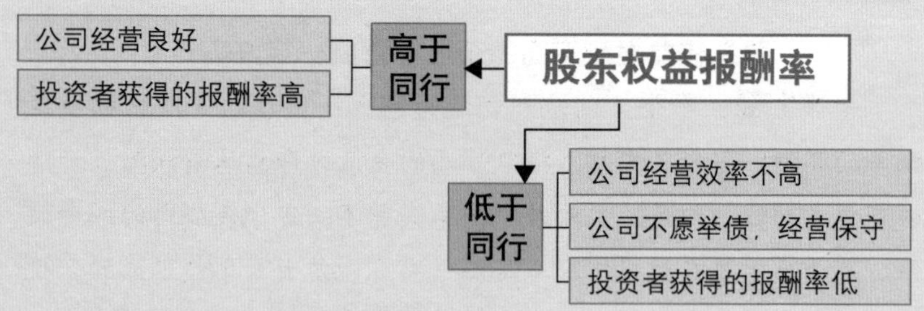

资产报酬率

资产报酬率也叫资产收益率，是指企业一定时期内利润额与平均资产的总额的比值。根据这个比值可以评价公司运用全部资产的获利能力，也可以衡量公司对资产的运用能力。公司如果能用最少的钱创造最多的利润，则说明公司的运用资产能力强。

资产报酬率可分为资产息税前利润率、资产利润率和资产净利率。

Step-by-step

Step 1 在资产负债表中找出企业上一年年底的和本年年底的资产总计。

Step 2 看利润表并从中找出税前净利和利息费用金额。

Step 3 输入计算公式，得出资产报酬率。

$$①资产息税前利润率=\frac{息税前利润}{资产平均总额}\times 100\%$$

$$②资产利润率=\frac{利润总额}{资产平均总额}\times 100\%$$

$$③资产报酬率=\frac{净利润}{资产平均总额}\times 100\%$$

Tips

目前我国一般企业所得税税率是25%，符合条件的中小型企业是20%，国家重点扶持的高新技术企业税率是15%。

小故事

2008 年达信通集团年初资产总额为 2886 亿元，年底资产总额为 3446 亿元。税前净利为 340 亿元，利息费用为 32 亿元，那么 2008 年达信通集团的资产报酬率是多少？其计算方式如下：

① $$\frac{2886（亿元）+3446（亿元）}{2} = 3166（亿元）$$

平均总资产

② $$\frac{340（亿元）+32（亿元）\times（1-税率25\%）}{3166（亿元）} \times 100\% = 11.5\%$$

资产报酬率

资产负债表

编制单位：凡尔达汽配公司　　2010年1月　单位：万元

		2008年度		2009年度	
1800	出租资产	80.23	80.45	0.22	0.27%
1880	其他	4687.84	3392.72	1295.12	38.17%
18××	其他资产合计	6082.86	4851.52	1231.34	20.24%
1×××	资产总计	487005.21	423253.44	63751.77	15.06%

利润表

编制单位：老东街超市　　2010年1月　单位：万元

		2008年度		2009年度	
7520	按权益法认定之投资净损（附注二及附注六）	0.3	0.24	0.37	0.28
7501	利息费用	0.104	0.1	0.13	0.1
7860	权利金费用净额	0.023	0.023	0.029	0.023
7530	处分及固定资产损失	0.002		0.003	
7560	兑换净损	0.001		0.001	
7881	灾害损失净额	0		0	
7540	长期投资净损	0		0	
7880	其他损失	0.003		0.002	
7500	合计	0.433	0.037	0.625	0.44
7900	税前利益	20.88	20.076	28.44	21.877

资产报酬率高低的意义

行业不同的公司资产报酬率也各不相同，但是同一行业中的资产比率大致相同。因此，判断公司资产报酬率高低的方法即把公司的资产报酬率与同行业企业的平均资产报酬率相比较。通过公司与同行业企业的平均资产报酬率相比，我们可以清楚地了解到公司盈利水平的高低。另外，通过本公司资产前后期资产报酬率相比较，我们可以轻松判断公司在发展还是在衰退。

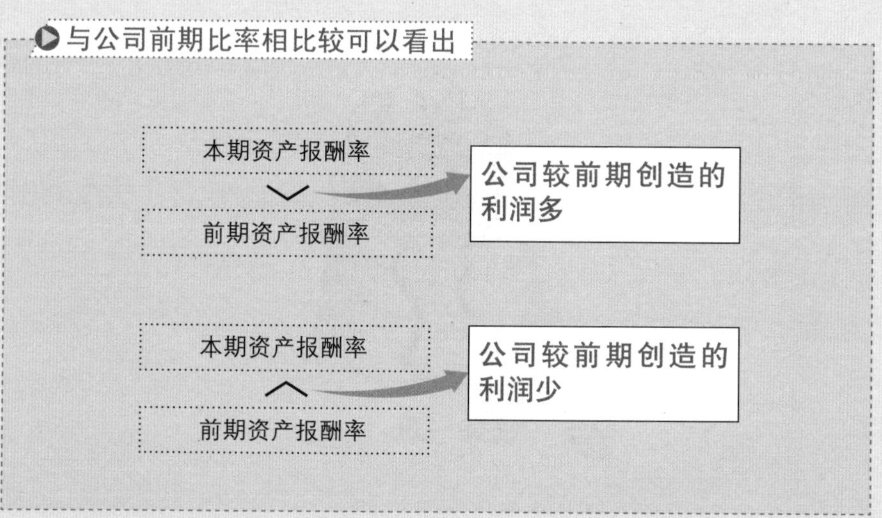

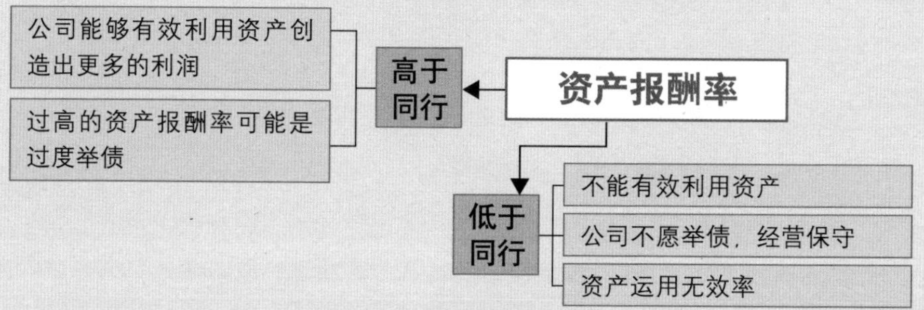

第7章

快速判断企业的经营效率

企业的管理好不好，关键要看企业的经营效率高不高，经营效率高的企业都有着很好的管理。凭借这点，企业不仅可以赚更多的钱，而且生命力更强。因此，了解一家公司的经营效率的好坏对我们投资者来说十分重要。

本章教你：

- ▶ 透视公司的销售速度、运转能力。
- ▶ 观察是否有积压存货？
- ▶ 应收账款是否很多？
- ▶ 是否有效地利用资产进行投资创造？

本章教你依据财务报表轻松地看出公司的产品销售情况、存货状况和资产利用状况等。

7

企业的营运能力判定

营运能力通常是通过存货周转率、应收账款周转率、总资产周转率、流动资产周转率、固定资产周转率来评价的。

公司经营效率高不高看这里

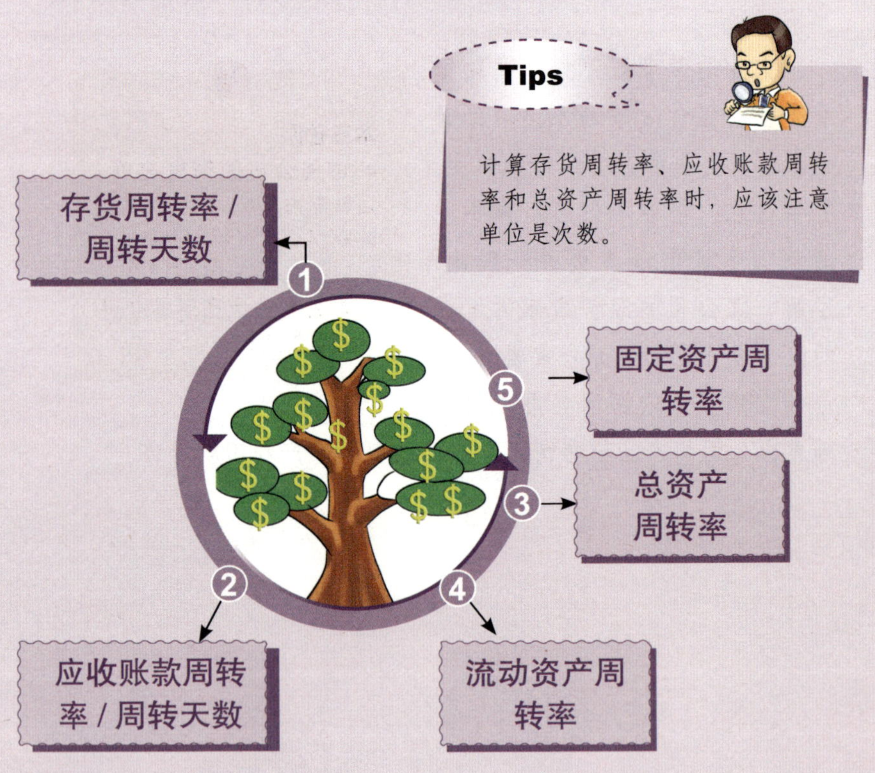

关键的财务比率说明

项目	意义	公式	相关报表
存货周转率	能够看出公司的销售能力	销售成本 ÷ 平均存货	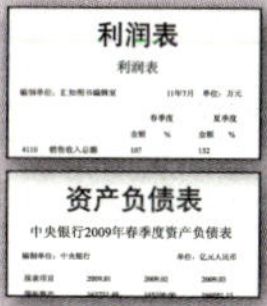 利润表 资产负债表
存货周转天数		360 ÷ 存货周转率	 利润表 资产负债表
应收账款周转率	了解公司应收账款的变现能力	赊销收入净额 ÷ 应收账款平均余额	 利润表 资产负债表
应收账款周转天数		360 ÷ 应收账款周转率	 利润表 资产负债表
总资产周转率	公司资产使用效率	销售收入净额 ÷ 资产平均总额	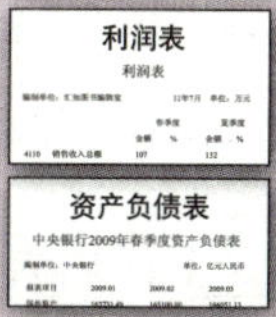 利润表 资产负债表
固定资产周转率		销售收入 ÷ 固定资产平均余额	固定资产平均净值 =(期初固定资产净值 + 期末固定资产净值）÷2
流动资产周转率		销售收入 ÷ 流动资产平均余额	流动动资产平均余额 =（期初流动资产余额 + 期末流动资产余额）÷2

存货周转率／周转天数

存货周转率也叫存货利用率。它是销售成本与平均存货的比值。存货周转率的好坏反映企业存货管理水平的高低，是整个企业管理的一项重要内容。通常存货周转速度越快，存货变现能力就越好。因此，提高存货周转率可以提高企业的变现能力。

存货周转率也就是库存存货会产生多少倍的销售成本，例如，存货周转率是 5 次，代表账上的每 1 元存货平均可以带来 5 倍的销售成本。

存货周转天数是指一年中多少天可以产生一次存货周转率。例如，存货周转天数是 20 天，代表一年中平均每 20 天公司产生一次存货周转率。

Step-by-step

Step 1 在资产负债表中找出本年年初存货净额和本年年底存货净额。

Step 2 在利润表中找出销售成本金额。

Step 3 将相关数值输入以下公式，即可计算出存货周转率和运转天数。

① $\frac{\text{期初存货余额}+\text{期末存货余额}}{2}=\text{存货平均余额}$

② $\text{存货周转率}=\frac{\text{销售成本}}{\text{存货平均余额}}\times 100\%$

③ $\text{存货周转天数}=\frac{360\text{（天）}}{\text{存货周转率}}$

小故事

利华公司 2007 年年初存货为 62 亿元，年底存货为 112 亿元，营业成本是 1496 亿元，那么 2007 年利华公司存货周转率和运转天数各是多少？其计算如下：

$$\frac{62\text{（亿元）}+112\text{（亿元）}}{2}=87\text{（亿元）}$$

平均存货

$$\frac{1496\text{（亿元）}}{87\text{（亿元）}}=\text{存货周转率 }17.2\text{（次）}$$

表示每 1 元的存货会带来 17.2 元的销售成本

$$\frac{365\text{（天）}}{7.2\text{（次）}}=\text{存货周转天数 }21\text{（天）}$$

表示平均每 21 天会产生一次存货周转率

资产负债表

编制单位：凡尔达汽配公司　　2010年7月　单位：万元

	资产	2007年年末	2008年年末	增减金额	增减幅度
	流动资产：				
1100	货币资金	80010.84	58541.68	21469.16	36.67%
1150	应收关系人款项	5080.27	4902.99	177.28	3.62%
1120	应收票据	2035.35	2248.51	−213.16	−9.48%
1143	应收账款	29200.98	29648.39	−447.41	−1.51%
1149	备抵呆账（附注二）	3824.67	3586.41	238.26	6.64%
1148	备抵退货及折让	2105.18	2089.24	15.94	0.76%
1286	递延所得税资产	14485.48	13262.57	1222.91	9.22%
120×	存货净额	17464.04	15191.70	2272.34	14.96%
1298	预付费用及其他流动资产	1727.72	1387.14	340.58	24.55%
11××	流动资产合计	155934.53	136858.64	25731.28	18.33%
14××	长期投资	169231.87	144840.79	24391.08	16.84%

利润表

编制单位：凡尔达汽配公司　　2010年7月　单位：万元

		春季度		夏季度	
		金额	%	金额	%
4110	营业收入总额	107		132	
4170	销售退货及折扣	3	0．03	2	0.02
4100	销售收入净额	104	100	130	100
5110	营业成本	70.72	68	87.1	67
5910	营业毛利	33.28	32	42.9	33
	营业费用				

Tips

存货周转率是指库存中的商品在一年中的平均销售次数。

存货周转率高低的意义

判断企业存货周转率高低的方法：将企业的存货周转率与该行业的平均存货周转率相比较。如果高于同行业，意味公司运营较好，在行业内竞争力强，反之则意味着竞争力差。判断企业销量是否进步的方法：将前后的存货周转率相比较，比前期高则意味着公司产品竞争力在下降。

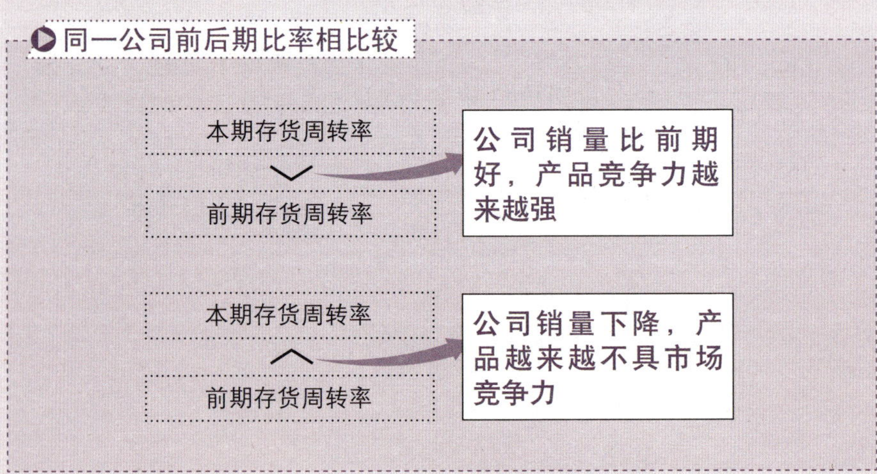

More

有效生产 + 存货管理 = 无限利润

不同的行业有着不同的存货周转天数，了解这一点可以让你赚更多的钱。国内有家有名的电脑生产厂家，公司在几年的时间内由一个小公司迅速成长为知名品牌。其主要原因是，电脑行业存货周转天数一般极短，两三个月前的存货价格往往就会下跌30%。该公司老板对此很了解，因此它的公司几乎不进行存货，只有在接到订单时才开始生产。该公司正是凭借着有效生产和合理的存货管理，使得公司获得了很高的利润。

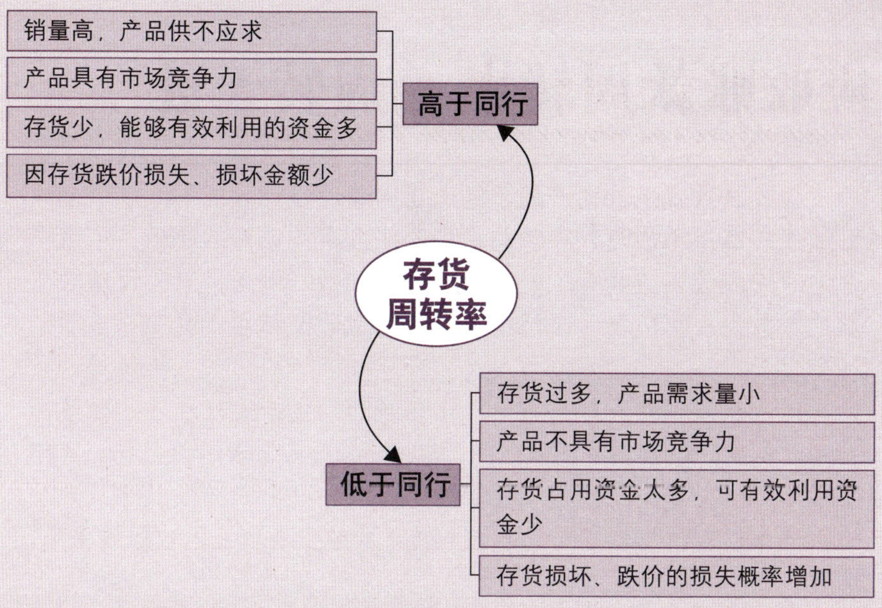

More

企业存货周转率低就一定不好吗？

通常企业的存货周转率越高，代表企业存货销量速度快，变现能力越强；反之，则代表企业存货销量不高，产品缺乏市场竞争力。这样看来企业存货周转率越低越不好。但是也有例外的情况，比如服装生产商会在换季之前存下大批的产品，等到换季时第一时间抢占市场。再比如厂家预测某商品会供不应求，往往会提前存下大量的商品，以防因缺货而造成的收入损失。因此，这样看来企业的存货周转率低并不一定就不好。在评估企业周转率是否合理时，应该与市场供应相结合来分析，这样才能准确地评估企业销售商品能力和经验绩效。

7

应收账款周转率 / 周转天数

应收账款就是公司产品已经出售出去但还未收回的账款。应收账款周转率是销售收入净额与占应收账款平均余额的比值，也就是一定时间内公司应收账款转换成现金的次数。例如，某公司应收账款的次数为 5 次，表示该公司每 1 元的应收账款平均会带来 5 次的现金收入。

应收账款周转天数是指一年中多长时间会产生一次应收账款周转率。例如，某公司的应收账款周转率是 10 天，表示该公司一年中平均 10 天会出现一次应收账款周转率。

通常，应收账款周转率越高周转天数越少表示公司收账效率高，坏账概率小，变现能力强。

Step-by-step

Step 1 在资产负债表中分别找出年初和当年年底应收账款总金额。

Step 2 在利润表中找出销售收入净额。

Step 3 输入公式计算出应收账款周转率及运转天数。

① $$\frac{\text{期初应收账款}+\text{期末应收账款}}{2}=\text{应收账款平均余额}$$

② $$\frac{\text{赊销收入净额}}{\text{应收账款平均余额}}=\text{应收账款周转率}$$

③ $$\frac{360}{\text{应收账款周转率}}=\text{应收账款周转天数}$$

小故事

某家电公司 2008 年年初应收账款总额是 30 亿元（即 2007 年年底应收账款总额），年底的应收账款总额是 66 亿元，销售收入金额为 964 亿元，该家电公司的应收账款周转率是多少？应收账款天数是多少？计算过程如下：

$$\frac{30（亿元）+66（亿元）}{2}=48（亿元）$$

平均应收账款

$$\frac{964（亿元）}{48（亿元）}=应收账款周转率\ 20.1（次）$$

表示每 1 元的应收账款会带来 20.1 元的现金收入

$$\frac{360（天）}{20.1（次）}=应收账款周转天数\ 18（天）$$

表示平均每 18 天会产生一次存货周转率

资产负债表

编制单位：凡尔达汽配公司　　2010年7月　单位：万元

	资产	2007年年末	2008年年末	增减金额	增减幅度
	流动资产：				
1100	货币资金	80010.84	58541.68	21469.16	36.67%
1150	应收关系人款项	5080.27	4902.99	177.28	3.62%
1120	应收票据	2035.35	2248.51	-213.16	-9.48%
1143	应收账款	29200.98	29648.39	-447.41	-1.51%
1149	备抵呆账（附注二）	3824.67	3586.41	238.26	6.64%
1148	备抵退货及折让	2105.18	2089.24	15.94	0.76%
1286	递延所得税资产	14485.48	13262.57	1222.91	9.22%
120×	存货净额	17464.04	15191.70	2272.34	14.96%

应收账款总额即应收关系人款项、应收票据、应收账款、备抵呆账和备抵退货及折让这些项目加减后的金额数。

利润表

编制单位：凡尔达汽配公司　　2010年7月　单位：万元

		春季度		夏季度	
		金额	%	金额	%
4110	销售收入总额	107		132	
4170	销售退货及折扣	3		2	
4100	销售收入净额	104	100	130	100
5110	销售成本	70.72	68	87.1	67
5910	销售毛利	33.28	32	42.9	33

2005年《财务管理》第2章规定，平均应收财款是资产负债中“应收财款”和“应收票据”的期初、期末金额之和的平均数。

应收账款周转率高低的意义

应收账款周转率越高，代表公司的收账效率越好，应收账款的变现能力也就越强；反之，应收账款周转率越低，则代表公司的收账效率越差，应收账款的变现能力也就越弱。

一般判断企业应收账款周转率好坏的方法是：将它与同业的平均应收账款相比较。另外，还可以将同一公司前后期的应收账款周转率相比较，分析企业的变现能力。

More

影响应收财款周转率计算正确的因素

一般来说，应收账款周转率越高越好。但是，有时候应收账款周转率并不能反映公司的实际销售情况。例如，某些公司只以收现方式销售。另外，公司生产的季节性原因也会影响应收账款周转率计算的正确性。因此，判断公司应收账款周转率指标的高低时，应将其前后期指标相比较，再与同行业其他公司相比较。

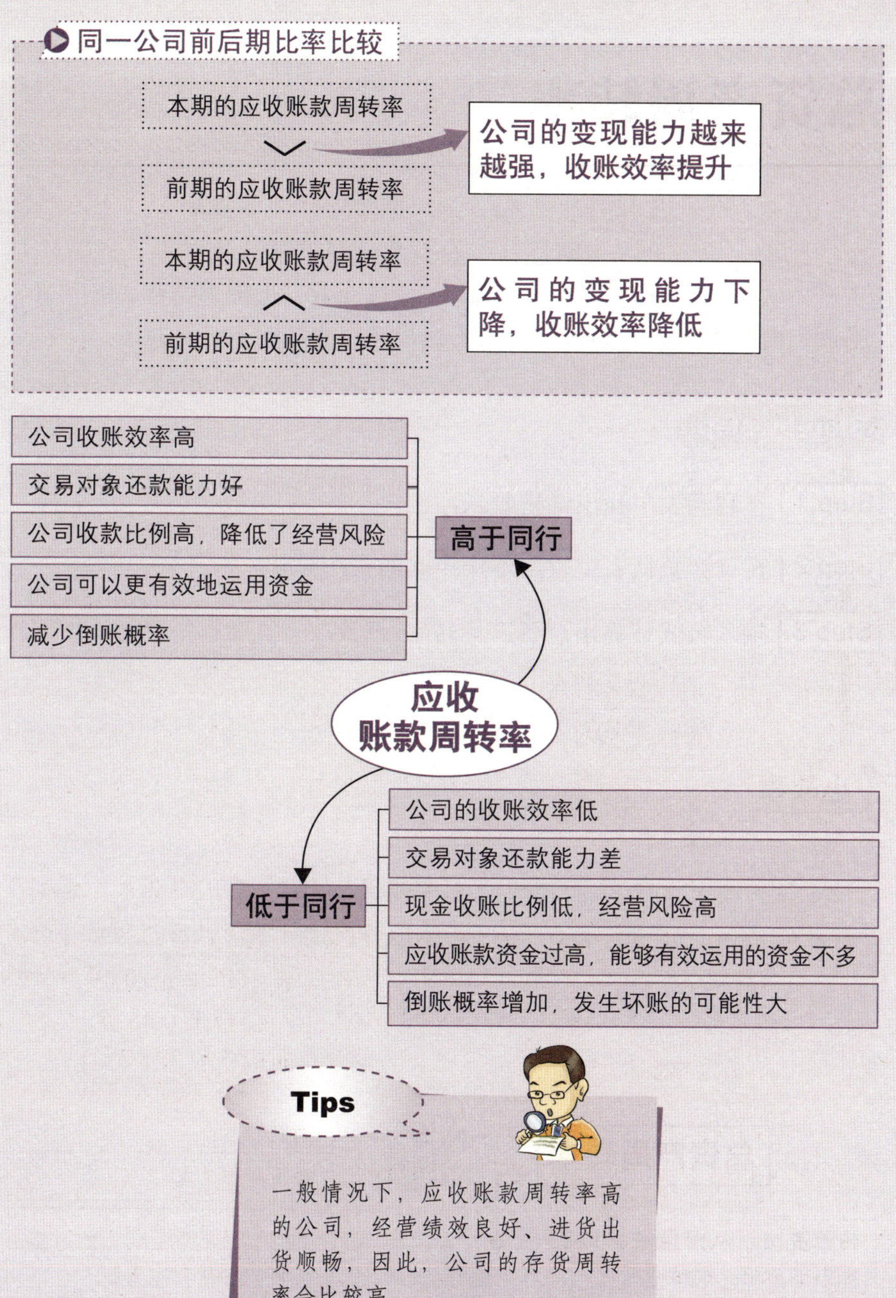

Tips

一般情况下，应收账款周转率高的公司，经营绩效良好、进货出货顺畅，因此，公司的存货周转率会比较高。

总资产周转率

总资产周转率是指企业在一定时期营业收入净额与平均资产总额的比率。总资产周转率反映了企业整体资产的运用能力，通常总资产周转率越高或者周转天数越少，代表企业营运能力越强；相反总资产周转率越低或者周转天数越长，代表企业的营运也就越差。

Step-by-step

Step 1 在利润表中找出销售收入净额。

Step 2 在资产负债表中找出本年年底的资产总计。

Step 3 输入公式计算出总资产周转率。

$$\frac{\text{销售收入净额}}{\text{资产平均总额}} = \text{总资产周转率（次）}$$

小故事

远洋公司 2009 年的销售收入净额是 1200 亿元，年底资产总计是 2640 亿元，求远洋公司 2009 年的总资产周转率。计算过程如下：

$$\frac{1200\text{（亿元）}}{2640\text{（亿元）}} = \text{总资产周转率 } 0.45\text{（次）}$$

表示每 1 元的资产会带来 0.45 元的销售收入

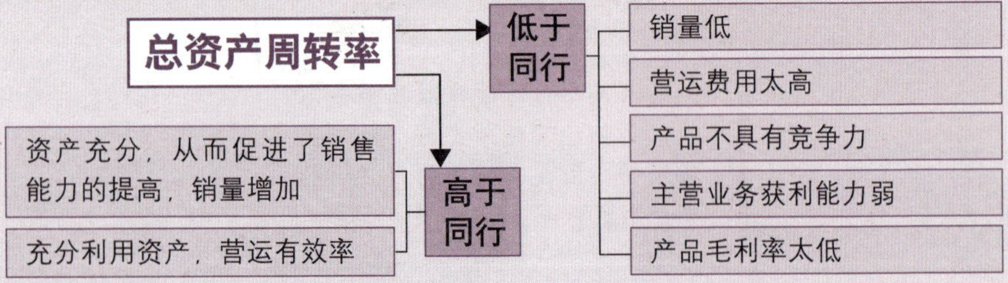

利润表

编制单位：凡尔达汽配公司　　2010年7月　单位：万元

		春季度		夏季度	
		金额	%	金额	%
4110	销售收入总额	107		132	
4170	销售退货及折扣	3		2	
4100	销售收入净额	104	100	130	100
5110	销售成本	70.72	68	87.1	67
5910	销售毛利	33.28	32	42.9	33

资产负债表

编制单位：凡尔达汽配公司　　2010年7月　单位：万元

		2008年年末	2009年年末	增减金额	增减幅度
1860	递延所得税资产（附注二及附注十二）	132.57	130.53	2.04	1.56%
1810	闲置资产	620.53	730.86	110.33	17.77%
1820	存出保证金	50.00	50.00	0.00	0%
1800	出租资产	80.23	80.45	0.22	0.27%
1880	其他	4687.84	3392.72	1295.12	38.17%
18××	其他资产合计	6082.86	4851.52	1231.34	20.24%
1×××	资产总计	487005.21	423253.44	63751.77	15.06%

总资产周转率高低的意义

不同行业的总资产周转率各不相同。通常情况，会拿同业中的平均总资产作为标准来评估企业的资产是否有效运用。另外，还可以将公司前后期的总资产周转率相比较，判断公司资产运用效率是高是低。

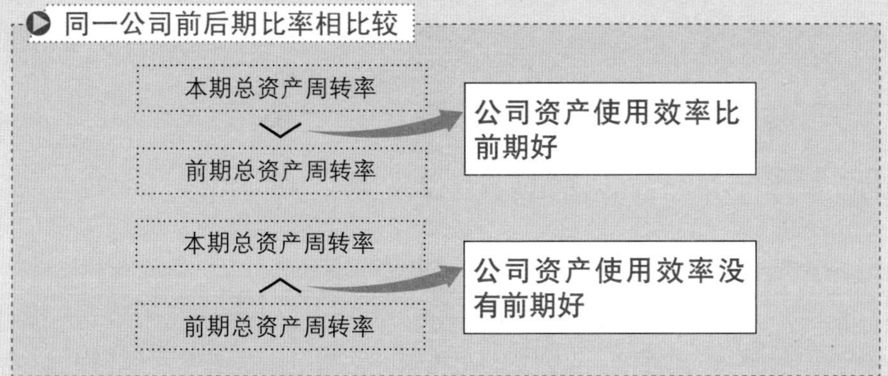

快速理解偿债能力

偿债能力是指企业偿还长期债务与短期债务的能力。企业偿债能力是企业健康生存和发展的关键。偿债能力好的公司，经营一般良好，投资人和债权人的投资风险就会低。了解企业的偿债能力，可从分析企业的财务状况和经营能力入手。本章教你如何判断一家公司偿债能力的好坏。

本章教你：

- 看公司短期偿债能力好不好？
- 企业的获利用以偿还债务是否足够？
- 企业紧急偿还债务能力怎样？

如何观察企业的偿债能力

企业的偿债能力能够反映出企业的经营效率和财务状况。一般可从流动比率、速动比率和利息保障倍数、现金比率、现金流量比率等财务比率判断企业的偿债能力是否足够。将公司的财务比率与同行业公司的同期比率相比较，以及与公司前期的比率相比较，不仅可以知道公司偿债能力在同行业的排名，还可以知道公司偿债能力是增强了还是减弱了。

公司财务稳定与否看这里

关键的财务比率说明

项目	意义	公式	相关报表
流动比率	掌握公司流动资产的金额，判断公司是否能够偿还短期债务	流动资产÷流动负债×100%	资产负债表
速动比率	衡量公司流动资产中可以立即变现偿还流动负债的能力	速动资产÷流动负债×100%	资产负债表
利息保障倍数	衡量债权的安全程度	（税前净利+本期利息费用）÷本期利息费用×100%	利润表

More

如果你想要了解一家公司的偿债能力，那么下面的内容或许对你有用。信用的评级机构提供的公司债信评级，可以帮助投资者评估公司的偿债能力。目前具有公信力的国际评级机构有标准普尔、穆迪和惠誉三家公司，国内有大公、中诚信、联合、上海新世纪四家。你可以在网站上看到评级公司公布的信用评级资料。

流动比率

流动比率是流动资产与流动负债的比率，用来衡量企业流动资产偿还短期债务的能力。流动比率过高，意味着企业可能会出现大量的闲置资金；流动比率过低，意味着企业可能会出现资金周转不灵的状况。通常企业流动比率的标准是 200% 以上。

Step-by-step

Step 1 从资产负债表中找出流动资产和流动负债的总金额。

Step 2 输入计算公式得出流动比率。

$$\frac{\text{流动资产}}{\text{流动负债}} \times 100\% = \text{流动比率}$$

小故事

某公司 2009 年度的流动资产合计为 865 亿元，流动负债为 456 亿元，那么其流动比率计算如下：

$$\frac{865\text{（亿元）}}{456\text{（亿元）}} \times 100\% = 190\%$$

流动比率
表示流动资产是流动负债的一倍多，公司有发生财务危机的可能性

Tips

流动比率中的流动资产是指短期内可变现金的资产，而流动负债是指短期内偿还的债务和支出。这里的短期通常是一年之内。

资产负债表

编制单位：凡尔达汽配公司　　2010年7月　单位：万元

	其他资产				
1830	递延款项净额	511.69	466.96	44.73	9.58%
1860	递延所得税资产（附注二及附注十二）	132.57	130.53	2.04	1.56%
1810	闲置资产	620.53	730.86	110.33	17.77%
1820	存出保证金	50.00	50.00	0.00	0%
1800	出租资产	80.23	80.45	0.22	0.27%
1880	其他	4687.84	3392.72	1295.12	38.17%
18××	其他资产合计	6082.86	4851.52	1231.34	20.24%
1×××	资产总计	487005.21	423253.44	63751.77	15.06%
	负债及所有者权益	2007年年末	2008年年末	增减金额	增减幅度
	流动负债：				
2150	应收关系人款项	3001.31	2471.36	529.95	21.44%
2140	应付账款	11064.40	10134.12	930.28	9.18%
2210	应付工程及设备款	6218.15	5748.26	469.89	8.17%
2170	应急费用及其他流动负债（附注二、附注六、附注十九）	4742.27	4760.73	−18.46	−0.39%
2270	一年内到期的应付公司债（附注九）	2662.27	2096.75	565.52	26.97%
21××	流动负债合计	27688.40	25211.22	2477.18	8.95%

流动比率高低的意义

通常公司的流动比率标准是200%。如果流动比率高于200%，表示公司支付短期债务能力不存在问题，过高则表示公司短期资金运用效率不高；如果流动比率低于200%，表示公司短期偿债能力出现了一定的问题，过低则意味着公司可能面临倒闭的危机。

判断公司的偿债能力是好是坏，可以将它与同业的比率或者公司前期的比率相比较分析。

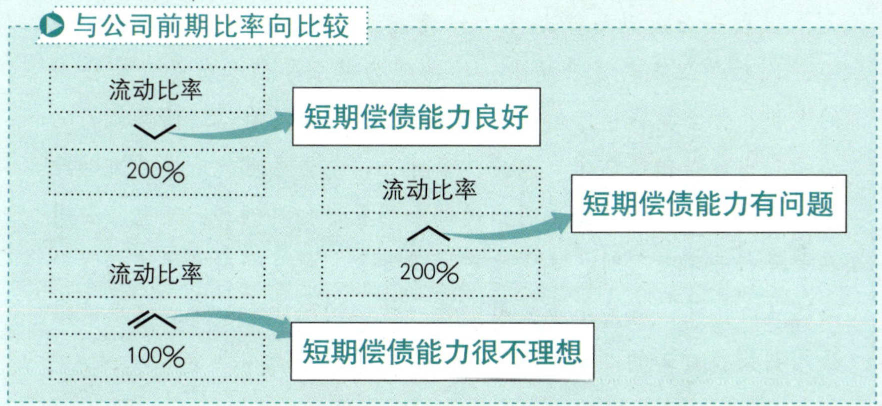

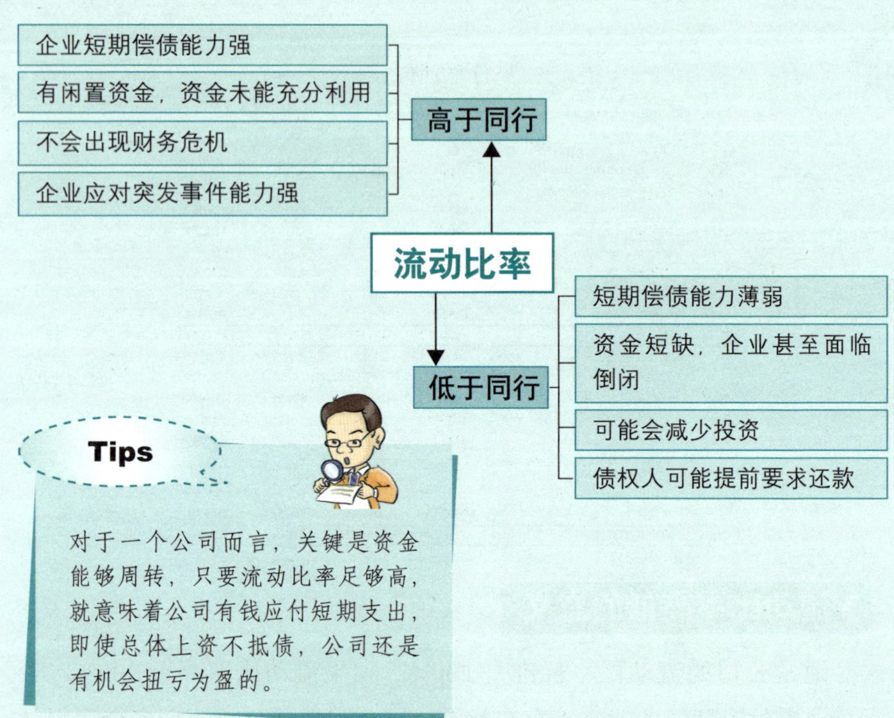

对于一个公司而言，关键是资金能够周转，只要流动比率足够高，就意味着公司有钱应付短期支出，即使总体上资不抵债，公司还是有机会扭亏为盈的。

More

流动资产占总资产的比率大有什么好处？

流动比率反映了企业偿还短期债务能力的大小，流动比率越大，代表企业流动资产越多，偿债能力越强；反之，流动比率越小，代表企业流动资产越少，偿债能力越弱。假如你是一家公司的老板，你会把钱借给偿债能力强的公司还是没有偿还债务能力的公司？当然是借给前者。因此，多数公司都会尽可能地提升流动比率，尽管这样可能会使公司出现部分闲置资金。例如，某电脑公司在电子行业不景气时，减少生产投资资金，致使公司当年流动资产高达 300 亿元，成为上市公司中数一数二的高比率公司。这也使该公司获得投资者的高度青睐，因此当年的资金流入迅速增加。

速动比率

速动比率是指企业速动资产与流动负债的比率。企业的速动资产包括资金、股票、银行存款、短期投资、应收票据、预付账款、应收账款、其他应收款项等。流动比率是用来测试企业的短期偿还负债的能力。

Step-by-step

Step 1 从资产负债表找出流动资产、存货、预付费用的金额，根据公式计算得出速动资产。

Step 2 在资产负债表中找出流动负债金额。

Step 3 输入公式计算，得出速动比率。

$$\frac{\text{速动资产}}{\text{流动负债}} \times 100\% = \text{速动比率}$$

小故事

大恒公司 2010 年的流动资产为 320 亿元，存货金额为 80 亿元，预付费用为 62 亿元，流动负债为 126 亿元，求该公司 2010 年的流动比率。

$$\frac{320-80-62\text{（亿元）}}{126\text{（亿元）}} \times 100\% = 141\%$$

表示该公司最快可变成现金的资产是流动负债的 1.41 倍，公司可以应付紧急短期偿债

资产负债表

编制单位：凡尔达汽配公司　　2010年7月　单位：万元

	负债及所有者权益	2007年年末	2008年年末	增减金额	增减幅度
	流动资产：				
1100	货币资金	80010.84	58541.68	21469.16	36.67%
1150	应收关系人款项	5080.27	4902.99	177.28	3.62%
1120	应收票据	2035.35	2248.51	−213.16	−9.48%
1143	应收账款	29200.98	29648.39	−447.41	−1.51%
1149	备抵呆账（附注二）	3824.67	3586.41	238.26	6.64%
1148	备抵退货及折让	2105.18	2089.24	15.94	0.76%
1286	递延所得税资产	14485.48	13262.57	1222.91	9.22%
120×	存货净额	17464.04	15191.70	2272.34	14.96%
1298	预付费用及其他流动资产	1727.72	1387.14	340.58	24.55%
11××	流动资产合计	166119.42	140388.14	25731.28	18.33%
	流动负债：				
2150	应收关系人款项	3001.31	2471.36	529.95	21.44%
2140	应付账款	11064.40	10134.12	930.28	9.18%
2210	应付工程及设备款	6218.15	5748.26	469.89	8.17%
2170	应急费用及其他流动负债（附注二、附注六、附注十九）	4742.27	4760.73	−18.46	−0.39%
2270	一年内到期的应付公司债（附注九）	2662.27	2096.75	565.52	26.97%
21××	流动负债合计	27688.40	25211.22	2，477.18	8.95%

速动比率高低的意义

速动比率是衡量企业流动资产中可立即变现用于偿还流动负债的能力。速动比率能直接反映企业的短期偿债能力，它比流动比率反映得更加直观可信。假如一家公司流动比率很高，但流动资产比率却很低，那么企业的短期偿债能力仍然不高。因此，流动比率较高的企业，并不一定具有很强的偿还短期债务的能力，而速动比率就避免了这种情况的发生。对一家公司来说，速动比率应在100%以上。

同一公司前后期比率相比较

速动比率 ≥ 100% → 短期偿债能力良好

速动比率 < 100% → 短期偿债能力差

速动比率

- 高于同行
  - 公司应付突发事件能力较强
  - 公司可变现资金比较允裕，偿债能力强
- 低于同行
  - 投资者或债权者应及时检查公司的现金是否能够应付公司短期运转
  - 短期偿债能力薄弱

Tips

如果企业流转顺畅变现能力强，即使速动比率较低，只要流动比率高企业仍有望偿还到期债务本息。

利息保障倍数

利息保障倍数也叫已获利息倍数，是指企业税前息前净利与利息费用的比率。它是用来衡量企业获利支付负债利息的能力。利息保障倍数越大，说明企业支付利息费用的能力越强，债权人获得利息保障的安全系数就越高。

Step-by-step

Step 1 从利润表中分别找出税前净利和本期利息费用。

Step 2 输入公式计算得出利息保障倍数。

$$\frac{\text{税前净利}+\text{本期利息费用}}{\text{本期利息费用}}=\text{利息保障倍数}$$

小故事

2009 年大恒公司税前净利为 200 亿元，本期利息费用为 40 亿元，求该公司的利息保障倍数。计算如下：

$$\frac{200\text{（亿元）}+40\text{（亿元）}}{40\text{（亿元）}}=6\text{ 倍}$$

利息保障倍数

Tips

税前净利加上利息费用的合计额也叫税前息前净利。

利润表

编制单位：新星时代商场　　2010年1月　单位：万元

		2008年度		2009年度	
	营业外费用				
7520	按权益法认定之投资净损（附注二及附注六）	0.3	0.24	0.37	0.28
7501	利息费用	0.104	0.1	0.13	0.1
7860	权利金费用净额	0.023	0.023	0.029	0.023
7530	处分及固定资产损失	0.002		0.003	
7560	兑换净损	0.001		0.001	
7881	灾害损失净额	0		0	
7540	长期投资净损	0		0	
7880	其他损失	0.003		0.002	
7500	合计	0.433	0.037	0.625	0.44
4110	销售收入总额	1030	100	1103	100
4170	收货退回及折扣	23	2.231	46	4.17
4100	销售收入净额	1007	97.769	1057	95.83
5110	销售成本	684.76	68	708.19	67
5910	销售毛利	322.24	32	348.81	33
7900	税前利润	241.68	24	264.25	25
8110	所得税利益（费用）	20.6	2	22.06	2

利息保障倍数的意义

不同的行业所需利息保障倍数不尽相同，各行业都以其行业的平均利息保障倍数作为标准。通常利息保障倍数应该大于5倍才算标准。利息保障倍数越高，代表企业支付利息及偿债能力越好，也代表债权的安全程度越高。企业的利息保障倍数至少大于1，否则就难以偿付债务及利息。

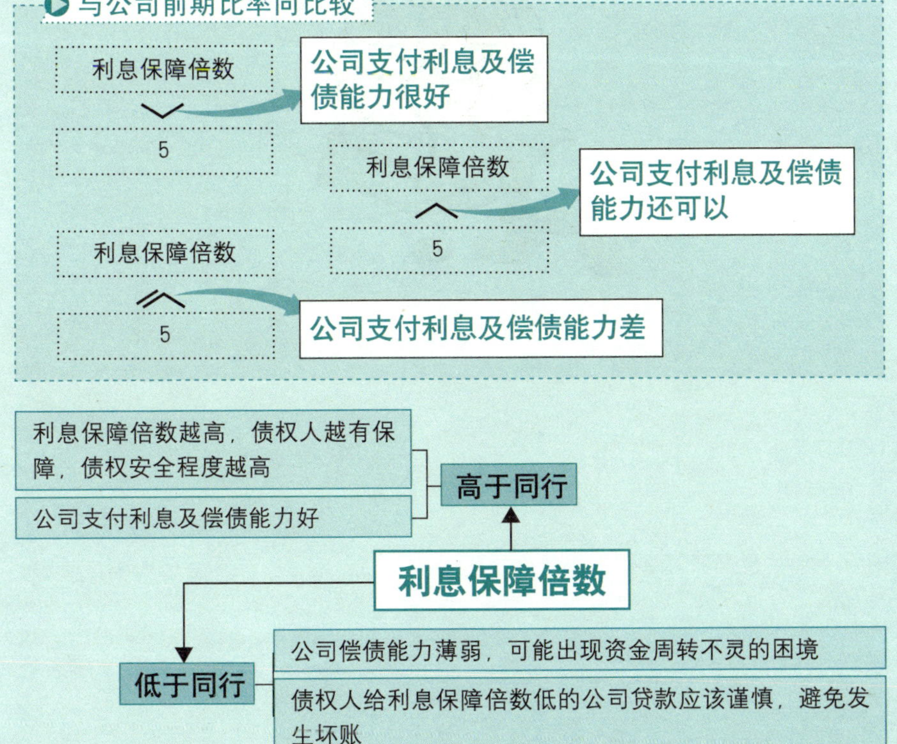

第9章

快速熟悉财务结构

财务结构反映的是企业全部资产是如何筹资取得的，也即公司资产如短期债务、长期债务、所有者权益等是如何构成的。

根据企业的财务结构，我们可以判断出企业的承担风险和获利能力的大小。本篇教你如何根据财务结构分析公司获利能力稳定与否、判断公司的发展潜力好不好以及公司值不值得投资。

本章教你：

- 判断公司的负债比率和所有者权益比率是否合理。
- 不合理的财务结构对公司有何影响。
- 检查企业是否存在“以短支长”的现象。

如何观察企业的财务结构

如果你想知道未来投资的公司财务结构是否合理、公司的获利情况会如何、这家公司值不值得投资，那么你观察财务结构的三大比率（负债比率、股东权益比率、长期资产适合率）后就可以轻松得出答案。

如果你想知道自己的公司本期是进步还是倒退了，那你将上述三大比率与同业同期的比率相比较，然后再同公司前期比率相比较，也可以得到答案。

公司体制健全与否看这里

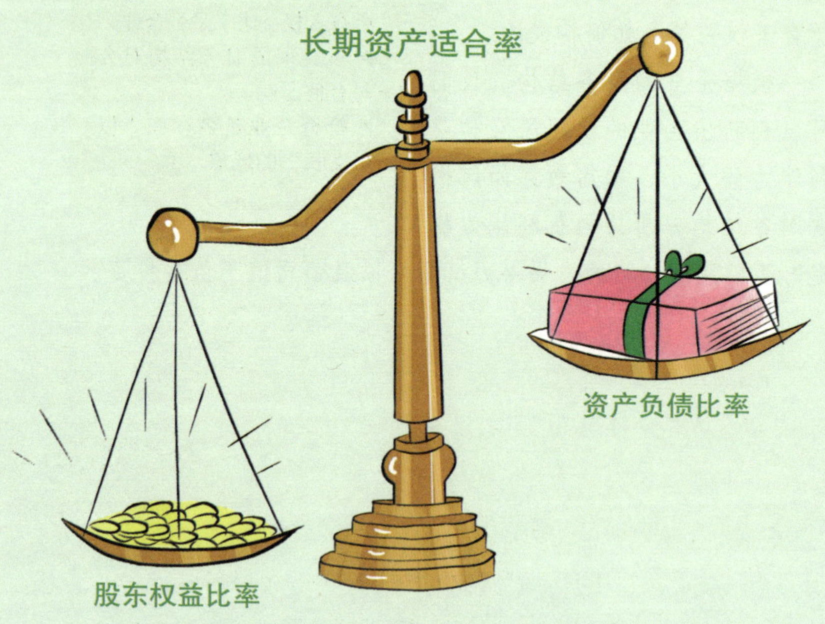

关键的财务比率说明

项目	意义	公式	相关报表
资产负债比率 负债 $$$	分析公司负债比率是否合理，是过高还是吸收资金度不够	总负债 ÷ 总资产 ×100%	资产负债表 中央银行2009年春季度资产负债表 编制单位：中央银行 单位：亿元人民币 报表项目 2009.01 2009.02 2009.03 国外资产 163731.49 165100.00 166051.13 外汇 150784.95 152156.59 153130.79 货币黄金 337.24 337.24 337.24 其他国外资产 12609.31 12606.17 12583.10 对政府债权 16195.99 16195.99 16195.99 其中：中央政府 16195.99 16195.99 16195.99 对其他存款性公司债权 8378.06 8384.18 8457.45
股东权益比率	对债权人的利益保障高不高？公司资金是否大部分由股东提供	股东权益 ÷ 总资产 ×100%	资产负债表 中央银行2009年春季度资产负债表 编制单位：中央银行 单位：亿元人民币 报表项目 2009.01 2009.02 2009.03 国外资产 163731.49 165100.00 166051.13 外汇 150784.95 152156.59 153130.79 货币黄金 337.24 337.24 337.24 其他国外资产 12609.31 12606.17 12583.10 对政府债权 16195.99 16195.99 16195.99 其中：中央政府 16195.99 16195.99 16195.99 对其他存款性公司债权 8378.06 8384.18 8457.45
长期资产适合率	公司的固定资产是否由流动负债负担	（股东权益 + 长期负债）÷ 固定资产净额 ×100%	资产负债表 中央银行2009年春季度资产负债表 编制单位：中央银行 单位：亿元人民币 报表项目 2009.01 2009.02 2009.03 国外资产 163731.49 165100.00 166051.13 外汇 150784.95 152156.59 153130.79 货币黄金 337.24 337.24 337.24 其他国外资产 12609.31 12606.17 12583.10 对政府债权 16195.99 16195.99 16195.99 其中：中央政府 16195.99 16195.99 16195.99 对其他存款性公司债权 8378.06 8384.18 8457.45

More

负债比率与股东权益比率之和为 1

企业投入的资金与负债金额或者应收账款金额的总和就是企业的总资产。我们设总资产为 1，也就是总负债加上股东权益之和为 1，那么负债比率与股东权益比率之和也就是 1。

$$\text{总负债} + \text{股东权益} = \text{总资产}$$

$$\frac{\text{总负债}}{\text{总资产}} + \frac{\text{股东权益}}{\text{总资产}} = 1$$

负债比率

负债比率也叫负债占资产比率，是企业全部负债与全部资产的比率，表明负债占全部资产的比重。它可以反映企业总资产中有多少是由借债组成，从而衡量企业对债权人的保障程度的高低。负债比率越高，企业对债权人的保障越低，但是负债过低企业就会减少借债获取的利润。因此，适当地借债对公司发展是有利的。

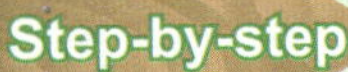

Step 1 在资产负债表中分别找出资产和负债的金额。

Step 2 输入公式，得出负债比率。

$$\frac{\text{总负债}}{\text{总资产}} \times 100\% = \text{负债比率}$$

小故事

2010 年，大恒公司总负债 80 亿元，资产总计 800 亿元，负债比率计算如下：

$$\frac{80\text{（亿元）}}{800\text{（亿元）}} \times 100\% = 10\%$$

负债比率

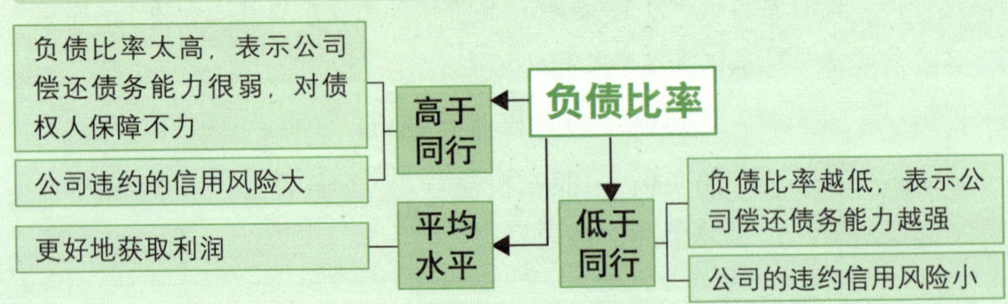

资产负债表

编制单位：凡尔达汽配公司　　　　2010年7月　单位：万元

	资产	2007年年末	2008年年末	增减金额	增减幅度
1820	存出保证金	50.00	50.00	0.00	0%
1800	出租资产	80.23	80.45	0.22	0.27%
1880	其他	4687.84	3392.72	1295.12	38.17%
18××	其他资产合计	6082.86	4851.52	1231.34	20.24%
1×××	资产总计	487005.21	423253.44	63751.77	15.06%
	长期负债：				
2410	应付公司债（附注九）	12119.75	10009.69	2110.06	21.08%
2860	其他长期应付款（附注十及附注十八）	994.02	799.05	194.97	24.40%
2810	应计退休金负债（附注二及附注十一）	104.72	92.85	11.87	12.78%
2820	存入保证金（附注十八）	426.13	339.69	86.44	25.45%
2880	未实现售后租回利益	594.75	1120.74	−525.99	−46.93%
24××	长期负债合计	53920.99	12362.02	41558.97	77.07%
2×××	负债合计	81609.39	37573.24	58008.36	53.96%

负债比率高低的意义

负债比率可以反映企业的资金有多少是由筹措资金而来的。如果负债比率大于100%，说明企业资产还不够偿债，企业债务负担太沉重；如果负债比率等于100%，说明企业全部资产正好可以抵债；如果负债小于100%，说明公司有能力偿还债务。一般，企业负债不超过总资产的三分之二为宜，但是因各行业比率有所不同，因此要将负债比率放在同行业中做比较才可以看出比率的高低。另外，想要知道公司负债是否增多，只要将负债比率与前期做比较就可看出。

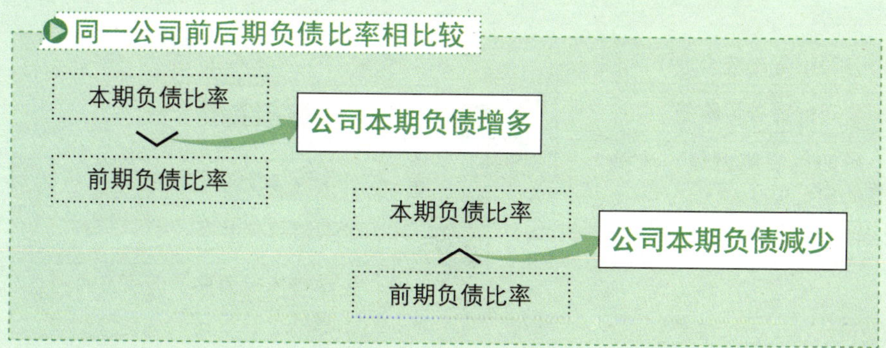

股东权益比率

股东权益比率也称股东权益占资产比率，是个体股东投资金额与资产总额的比率。股东权益比率越高，代表公司资产大部分由股东资产组成；股东权益比率越低，代表公司资产大部分由债权人组成。股东权益比率越大，负债比率越小。

Step-by-step

Step 1 从资产负债表中找出总资产和股东权益合计。

Step 2 输入公式，计算出股东权益比率。

$$\frac{\text{股东权益总额}}{\text{总资产}} \times 100\% = \text{股东权益比率}$$

小故事

2007 年，利华公司股东权益总计是 240 亿元，总资产为 1200 亿元，其股东权益比率计算如下：

$$\frac{240\text{（亿元）}}{1200\text{（亿元）}} \times 100\% = 20\%$$

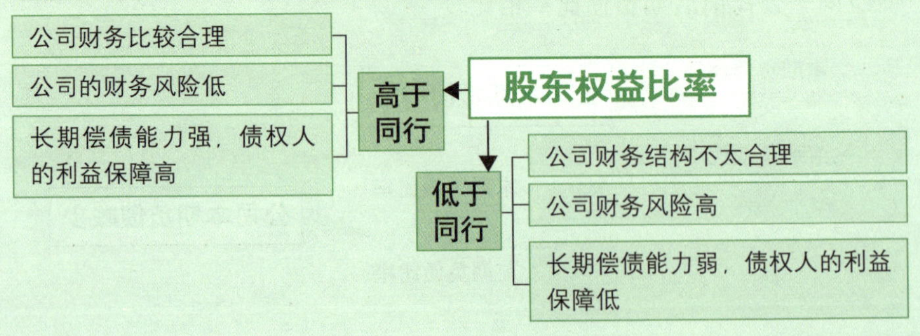

资产负债表

编制单位：老东街超市　　　　2010年7月　单位：万元

	资产	2007年年末	2008年年末	增减金额	增减幅度
1820	存出保证金	50.00	50.00	0.00	0%
1800	出租资产	80.23	80.45	0.22	0.27%
1880	其他	4687.84	3392.72	1295.12	38.17%
18××	其他资产合计	6082.86	4851.52	1231.34	20.24%
1×××	资产总计	487005.21	423253.44	63751.77	15.06%
	负债及所有者权益	2007年年末	2008年年末	增减金额	增减幅度
	所有者权益（附注二及附注十三）				
	股本-每股10元				
3120	优先股发行（份数）	100000	100000	0	0%
3110	普通股发行（份数）	1000000	1200000	200000	20%
	资本公积				
3270	合并溢额及其他（附注二）	22530.49	23064.61	−534.12	−2.32%
3220	库藏股票交易	879.02	1000.97	121.95	13.87%
	保留盈余				
3310	法定公积	6916.32	5640.70	1275.62	22.61%
3320	特别盈余公积	2330.11	1539.51	790.60	51.35%
3350	未分配利润	15517.98	13306.36	2211.62	16.62%
3410	长期投资未实现跌价损失	−391.07	−184.95	−206.12	111.45%
3420	累计换算调整数	71164.62	66212.29	4952.33	7.48%
3610	库藏股票成本−5000股（附注二、附注三及附注十四）	6096.16			
3×××	所有者权益合计	118947.47	110974.49	5743.41	8.03%

股东权益比率高低的意义

股东权益比率可以从一个侧面反映公司的财务状况和偿债能力。股东权益比率过低，代表公司负债严重，所筹来的资金不能成为公司发展的动力，反而成为公司沉重的负担。通常，股东权益比率一般不超过总资产的三分之一为好，但是行业不同基准比率也不尽相同。想要正确判断股东权益比率的高低，不仅要将其与同行业相比，也要与其前后期相比。

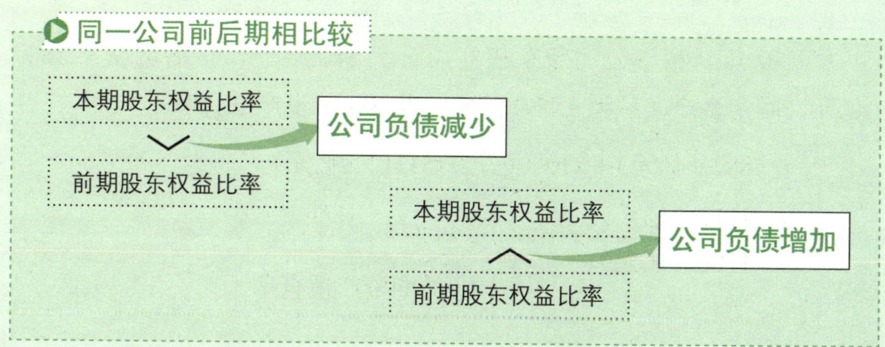

9

长期资产适合率

长期资产适合率也称长期资本占固定资产比率，是企业股东权益和长期负债之和与固定资产净额的比率。它不仅能衡量长期资产与固定资产的比例是否平衡，还能知道企业是否存在短期资金支付长期资本支出的情况。如果长期资产适合率高，说明公司资本结构良好；如果长期资产适合率过低，则说明公司的部分固定资产由流动负债承担。

Step-by-step

Step 1 从资产负债表中找出股东权益和长期负债的总金额。

Step 2 从资产负债表中找出固定资产净额。

Step 3 输入公式计算得出长期资产占固定资产的比率。

① 股东权益 + 长期负债 = 长期资本

② $\frac{\text{长期资本}}{\text{固定资产净额}} \times 100\% = \text{长期资产适合率}$

小故事

2007 年，利华公司股东权益总计为 882 亿元，长期负债为 230 亿元，固定资产净额为 1180 亿元，求其长期资产适合率。

882（亿元）+ 230（亿元）= 1112（亿元） 长期资本

$\frac{1112\text{（亿元）}}{1180\text{（亿元）}} \times 100\% = 94\%$ 长期资产适合率

长期资产适合率高低的意义

长期资产适合率越高，代表企业资本结构良好；长期资产适合率越低，代表企业资本结构越有问题。标准的长期资产适合率应该大于100%。

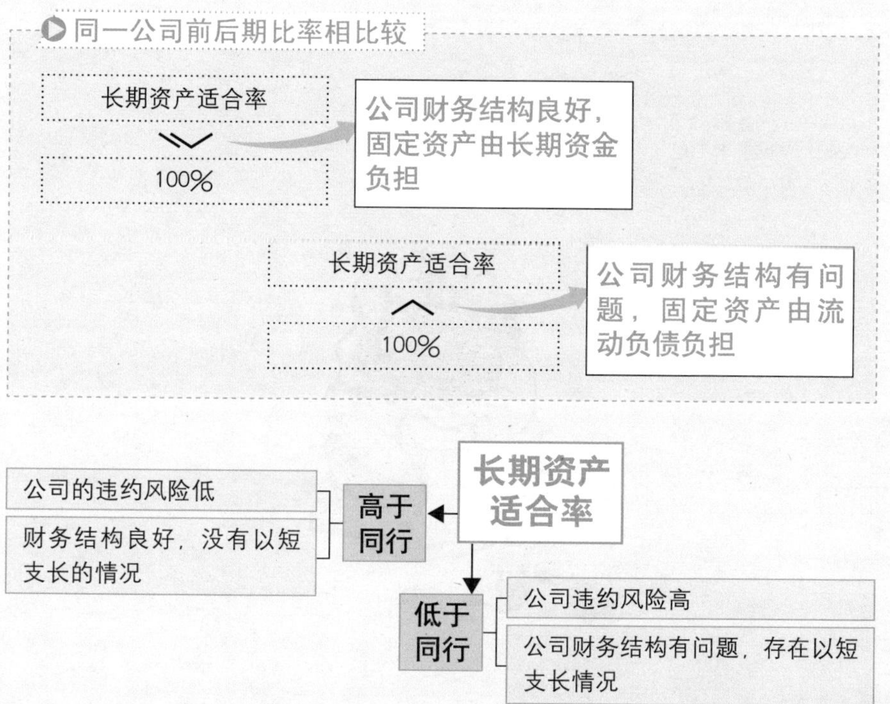

整体财务分析

前边我们学会了看懂四大财务报表，了解了一些重要的财务比率，接下来我们要做的就是进行重要的财务比率分析。因为透过财务比率我们可以清楚地了解企业的过去、对企业现状进行评价、判断公司是否有发展的潜力等。

本章教你：

- 财务分析的步骤。
- 如何利用四大财务比率寻找潜力股？
- 公司财务状况比率好坏的原因。
- 怎样做出财务报表分析结论？

财务分析的步骤

偿债能力、财务结构、获利能力和经营效率这四大财务比率是进行财务分析必须了解的项目，通过对这四大财务比率分析你可以用最少的时间来了解一家公司的财务及获利状况。完整的财务分析分为以下五步。

财务分析的四大类别

盈利能力分析
◇销售毛利率
◇营业利润率
◇净利率
◇资产报酬率
偿债能力分析
◇流动比率
◇速动比率
◇利息保障倍数
1
财务分析的
四大类别
2
3
4
营运能力分析
◇存货周转率/周转天数
◇应收账款周转率/周转天数
◇总资产周转率
财务结构分析
◇股东权益比率
◇负债比率
◇长期资产适合率

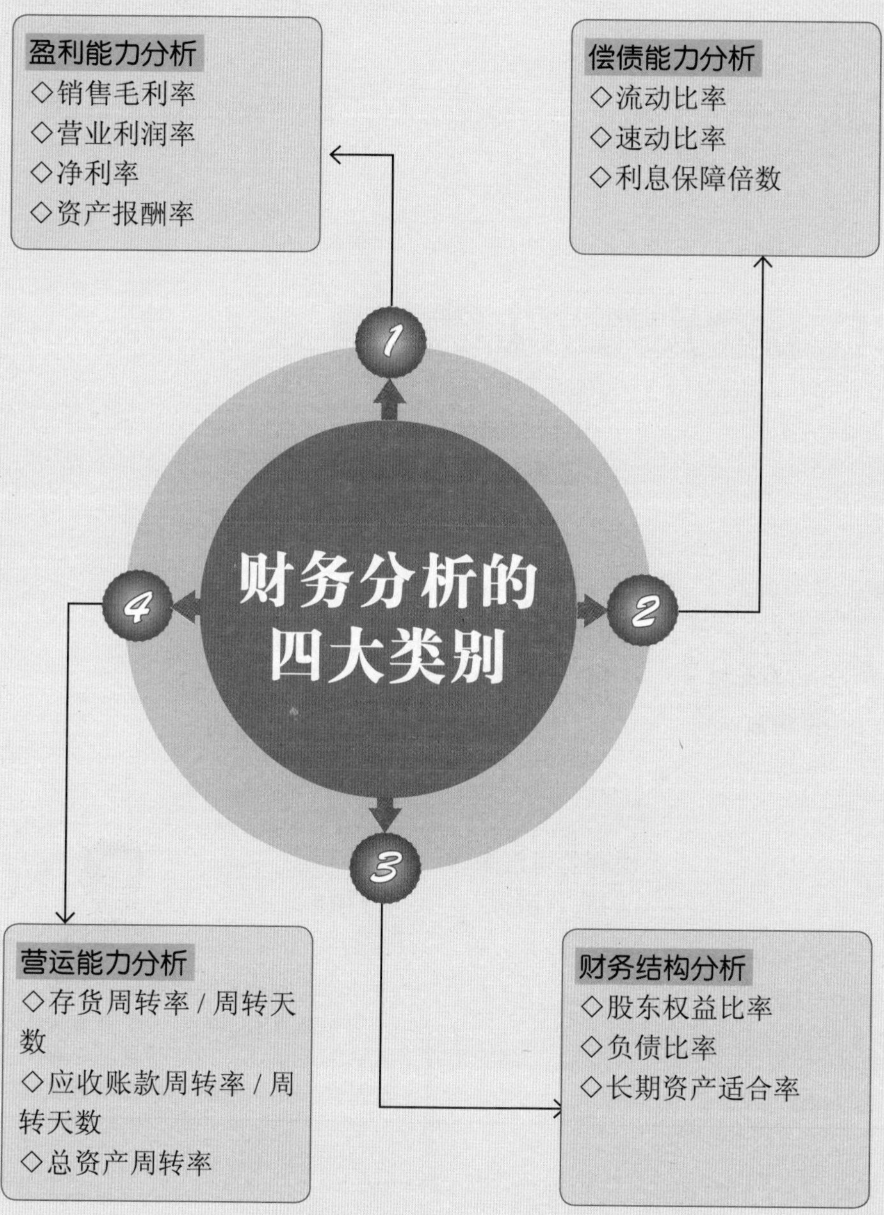

判断公司的获利能力

公司能否赚钱，赚钱的能力如何，这是公司老板和投资者十分关心的问题。想要知道一家公司获利情况，你只需这样做就可以：通过利润表和资产负债表，对有关项目进行分析，算出总资产收益率、销售净利率、净资产收益率等获利指标。一旦算完这些，这家公司的获利情况就一目了然了。

检验公司获利能力有什么好处？

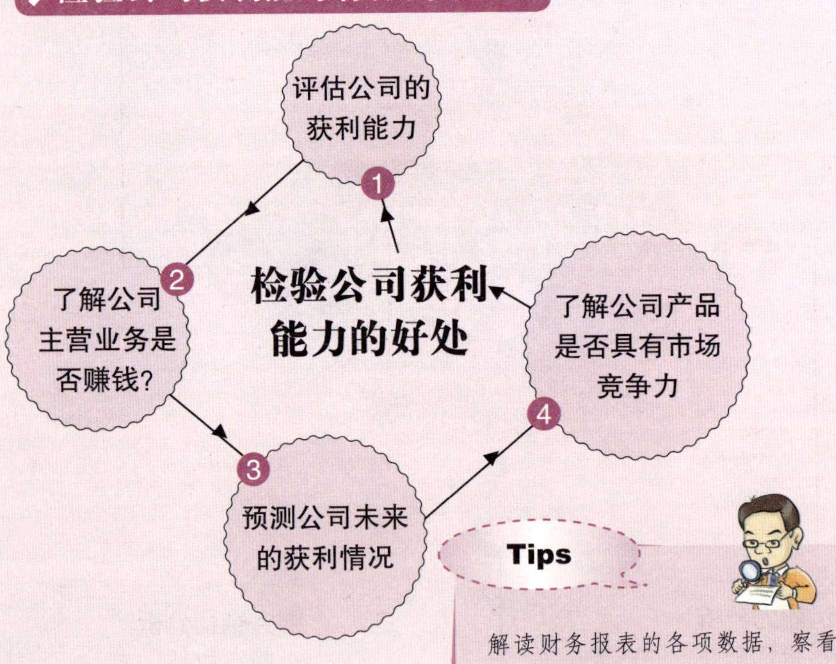

Tips

解读财务报表的各项数据，察看公司财务报表，你可以了解到公司的财务状况、销售情况、经营成果等信息，进而分析公司的盈利能力、偿债能力以及发展前景，为投资活动提供决策依据。

盈利能力比率有哪些？

项目	公式	意义	改善方法
销售毛利率	销售毛利 ÷ 营业收入净额 ×100%	毛利率越高说明企业产品成本控制越好，产品具有市场竞争力	检查公司的产品成本是否可以降低些、产品是否符合市场要求
营业利润率	营业利润 ÷ 营业收入总额 ×100%	营业利润率越高说明企业主营业务获利能力越强	检查公司的运营状态中消耗是否可以降低
股东权益报酬率	净利润 ÷ 股东权益平均总额	股东权益报酬率越高，说明股东投资带来的收益越高	公司是否经营保守，不愿举债
资产报酬率	[税前净利 + 利息费用 ×（1−税率）] ÷ 资产平均总额	资产报酬率越高，说明公司的每一元钱能为公司赚取更多的利润	是否有效利益资产、是否有闲置资金

More

将财务比率制成圆表的好处

你只要将公司的以及需要比较的同业竞争者的财务资料输入Excel，就可以得到一个财务比率的圆表。这样的好处有：

1. 可以明显地看出公司每年运营状况的好坏；
2. 可以看出公司财务比率的走势；
3. 可以明显地看出公司与竞争对手的差距及优势。

比较 1　销售毛利率

指标

销售毛利率比率越高→说明公司产品成本控制得越好，获利越高

销售毛利率比率越低→说明公司产品成本越高，公司获利越少

小故事

利华公司与大恒公司 2006—2010 年的销售毛利率如下：

项目	2006 年	2007 年	2008 年	2009 年	2010 年	平均
利华	33%	34%	43%	34%	28%	34%
大恒	38%	45%	25%	21%	13%	28%

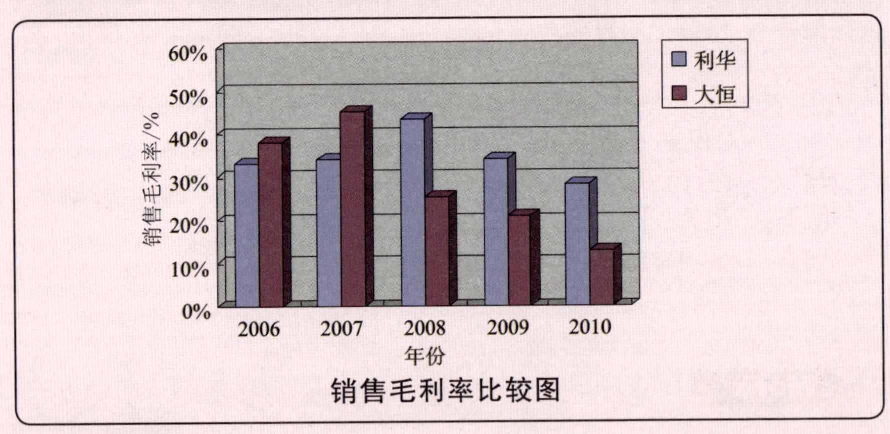

销售毛利率比较图

分析结果

2006—2010 年，利华公司的平均毛利率为 34%，竞争伙伴大恒公司的平均毛利率为 28%，利华公司比大恒公司的毛利率高了 6%。这就表示利华公司在成本控制和产品创新上优于大恒公司。同时我们值得注意的是，两家公司在面对激烈的市场竞争时，毛利率都有所下降，所以预计它未来的毛利率很难比过去高。

比较2 营业利润率

指标

营业利润率越好→说明公司主营业务获利情况越强

营业利润率越差→说明公司主营业务获利情况越差

小故事

利华公司与大恒公司2006—2010年的营业利润率如下：

项目	2006年	2007年	2008年	2009年	2010年	平均
利华	12%	13%	36%	40%	38%	28%
大恒	10%	9%	15%	30%	31%	19%

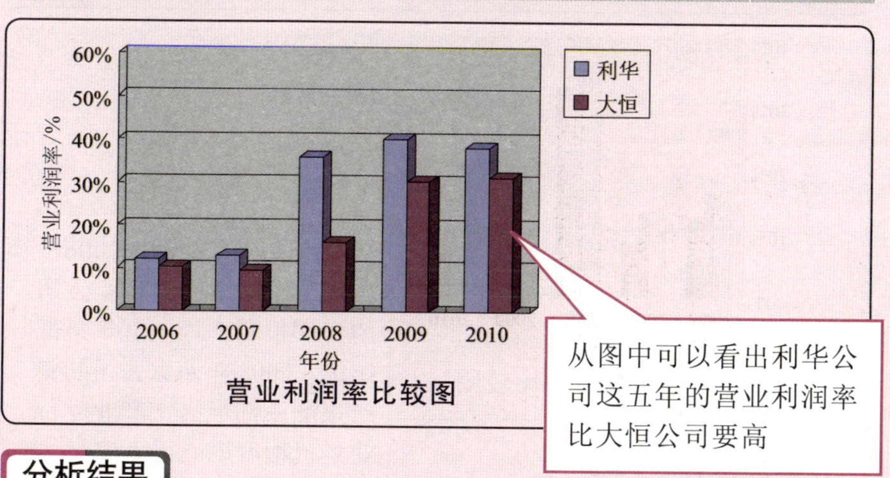

营业利润率比较图

分析结果

营业利润率是评估企业获利能力的一个重要指标。企业的营业利润率越高，意味着企业的获利能力越好。从表中我们可以看出利华公司比大恒公司营业利润率平均高了9%。这就代表利华公司的获利能力比大恒公司要强很多。

比较 3 资产报酬率

指标

本期资产报酬率越高→资本创造的利润越多

本期资产报酬率越低→资本创造的利润越少

小故事

利华公司与大恒公司 2006—2010 年的资产报酬率如下：

项目	2006 年	2007 年	2008 年	2009 年	2010 年	平均
利华	16%	13%	36%	5%	15%	17%
大恒	12%	8%	32%	5%	6%	13%

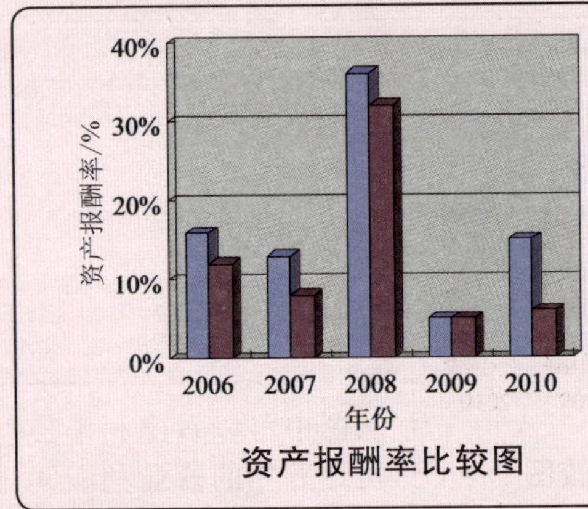

资产报酬率比较图

从图中可以看出 2006—2010 年，2007 年两家公司的资产报酬率均创五年最低纪录。2008 年两家公司的资产报酬率都很高，产业受行业景气程度影响很大

分析结果

资产报酬率分析的是公司是否充分利用资金来获得最大的利润。从图表中，我们可以看出利华公司比大恒公司利用资产所赚的资金多，创造的利润要大。两家公司受同业的景气与否影响都很大，2008 年两家公司资产报酬率都很高，2009 年则都创下了五年最低纪录。因此投资不只是选对公司，选对行业和时机也同样重要。

比较 4 股东权益报酬率

指标

股东权益报酬率越高→投资者获得的报酬越高

股东权益报酬率越低→投资者获得的报酬越低

小故事

利华公司与大恒公司 2006—2010 年的股东权益报酬率如下：

项目	2006 年	2007 年	2008 年	2009 年	2010 年	平均
利华	8%	24%	36%	5%	15%	18%
大恒	13%	11%	32%	-1%	5%	15%

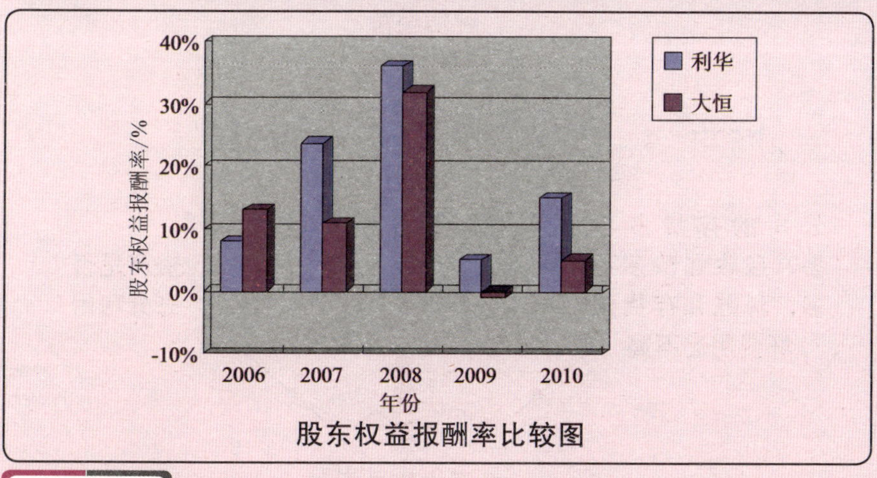

股东权益报酬率比较图

分析结果

股东权益报酬率越高，说明公司为股东创造的利润越多。从表中我们可以看到，2006—2010 年每年的股东权益报酬率利华公司都比大恒公司要高。2008 年，两家公司的股东权益报酬率均是五年最高值；2009 年，受行业不景气影响两家股东权益报酬率都降至五年最低值。

如何检验企业的营运能力

企业管理好不好决定了企业的营运能力高不高。营运能力高的企业能够充分利用所占有的资源，因此整体竞争力一般比较强。企业的营运能力通常是通过三方面的周转率来衡量和评判的，它们分别是存货周转率/存货周转天数、应收账款周转率/周转天数和总资产周转率。

检验公司营运能力的好处有

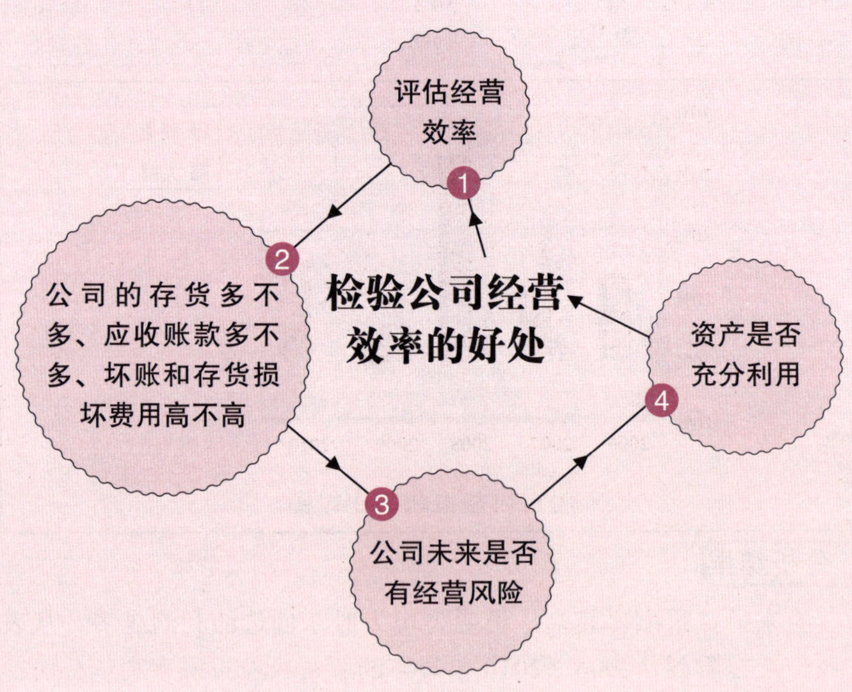

经营效率比率有哪些？

项目	公式	意义	改善方法
存货周转率	销售成本 ÷ 平均存货余额	存货周转率越高、存货周转速度越快，企业的变现能力越强	创新产品，检讨应收账款政策
存货周转天数	360天 ÷ 存货周转率		
应收账款周转率	销售收入净额 ÷ 应收账款平均余额	了解公司的收款能力，应收账款周转率越高、周转天数越少，企业的销售能力越强	是否公司经营保守，不愿举债、是否将资金投资于较大的投资机会上
应收账款周转天数	360天 ÷ 应收账款周转率		
总资产周转率	销售收入净额 ÷ 资产平均总额	总资产周转率越高、周转天数越少，代表企业的营运效率越高	是否充分运用资产？是否能够提高销售量

Tips

总资产周转率基本上和企业的存货周转率和应收账款周转率成正相关关系。

比较 1 存货周转率

指标

存货周转率越高越好→代表存货销售快，减少了存货损坏费用

存货周转率越低越差→代表存货销售缓慢，存货损坏、过期的费用可能增加

小故事

利华公司与大恒公司 2006—2010 年的存货周转率如下：

项目	2006 年	2007 年	2008 年	2009 年	2010 年	平均
利华	6.9	10	11	9.5	12	9.9
大恒	4.1	6.1	7	6	8	6.2

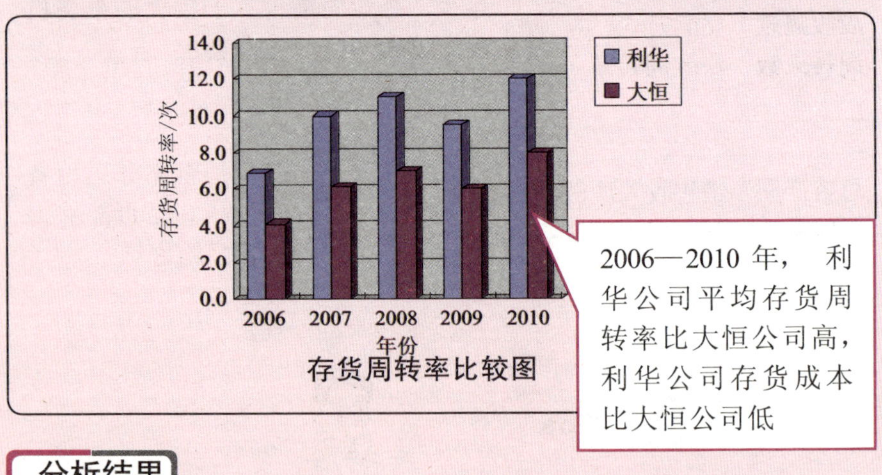

存货周转率比较图

分析结果

存货周转率越高，意味公司销售能力越强、控制存货能力越强。同时，存货损失费用越少，公司可利用资金越多。从表中可以看出，利华公司每年的存货周转率都比大恒公司要高，可见，利华公司的销售能力比大恒公司强。

比较 2　存货周转天数

指标

存货周转天数越短越好→流动性越强，存货变现能力越好

营业毛利率越低越差→代表企业存货占用资金太多

小故事

利华公司与大恒公司 2006—2010 年的存货周转天数如下：

项目	2006 年	2007 年	2008 年	2009 年	2010 年	平均
利华	56	34	30	45	36	40
大恒	75	52	33	55	39	50

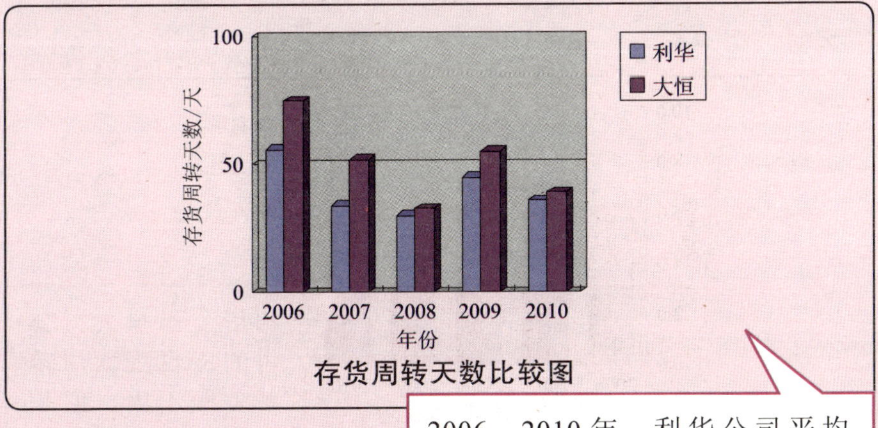

存货周转天数比较图

2006—2010 年，利华公司平均存货周转率比大恒公司高，利华公司存货成本比大恒公司低

分析结果

存货周转天数越短，意味公司存货销售能力越强，存货变现速度越快。从表中来看，五年中两家公司都提高了销售水平，缩短了存货周转天数，用在存货上的资金越来越少。但整体而言，利华公司要比大恒公司销售效率高。

比较 3 应收账款周转率

指标

应收账款周转率越高→说明公司收账速度越快，应收账款变现速度越快

应收账款周转率越低→说明公司收账速度越慢，应收账款变现速度越慢

小故事

利华公司与大恒公司 2006—2010 年的应收账款周转率如下：

项目	2006 年	2007 年	2008 年	2009 年	2010 年	平均
利华	5.6	7.2	6.8	5.3	8.2	6.6
大恒	4.5	6.8	7.1	5.6	8	6.1

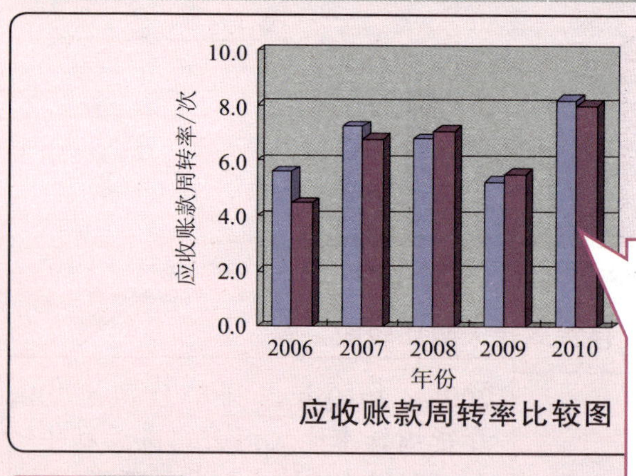

应收账款周转率比较图

分析结果

应收账款周转率高，意味着企业的收账能力强，减少了坏账概率；应收账款周转率低，意味着企业的收账能力差，增加了坏账概率。从表中来看，利华公司的平均应收账款周转率高于大恒公司，说明利华公司应收账款能力较强。

比较4 应收账款运转天数

指标

应收账款天数越短→企业收款迅速，可以灵活运用资金

应收账款天数越长→企业收款缓慢，不能灵活运用资金

小故事

利华公司与大恒公司 2006—2010 年的应收账款周转天数如下：

项目	2006 年	2007 年	2008 年	2009 年	2010 年	平均
利华	60	51	46	69	45	54
大恒	71	56	47	66	55	59

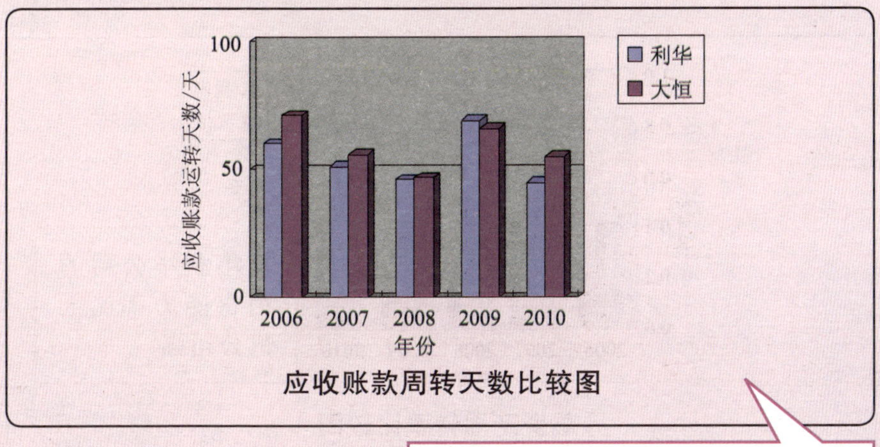

应收账款周转天数比较图

2006—2010 年，利华公司应收账款周转天数比大恒公司短，说明利华公司更能有效运用资金

分析结果

从表中可以看出，利华公司平均应收账款周转天数比大恒公司短，因此利华公司资金运用更有效率。

比较 5 总资产周转率

指标

总资产周转率越高越好→说明公司营运能力很高

总资产周转率越低越差→说明公司营运能力很低

小故事

利华公司与大恒公司 2006—2010 年的总资产周转率如下：

项目	2006 年	2007 年	2008 年	2009 年	2010 年	平均
利华	0.4	0.5	0.5	0.4	0.8	0.5
大恒	0.2	0.4	0.2	0.2	0.4	0.3

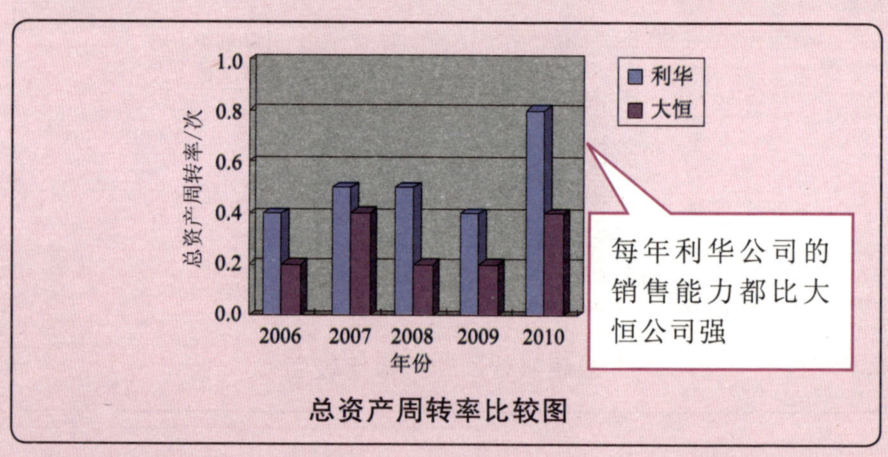

总资产周转率比较图

分析结果

总资产周转率越高，意味着企业营运能力也就越强；相反总资产周转率低，意味着企业的营运也就越差。从表中可以看出利华公司的资产周转率是大恒公司的一倍多。也就是说，利华公司的资产运用能力要比大恒公司强。

如何判断企业的偿债能力

偿债能力是指企业偿还长期债务与短期债务的能力。企业能否健康生存和发展的关键就是要看企业是否具有偿债能力。企业的偿债能力可以反映企业财务状况和经营能力。企业能够如期归还债务，经营就能继续下去；如果不能如期归还债务，企业就有可能面临破产。因此，无论是投资人还是债权人都会关心企业偿债能力的大小。

检验公司偿债能力的好处有

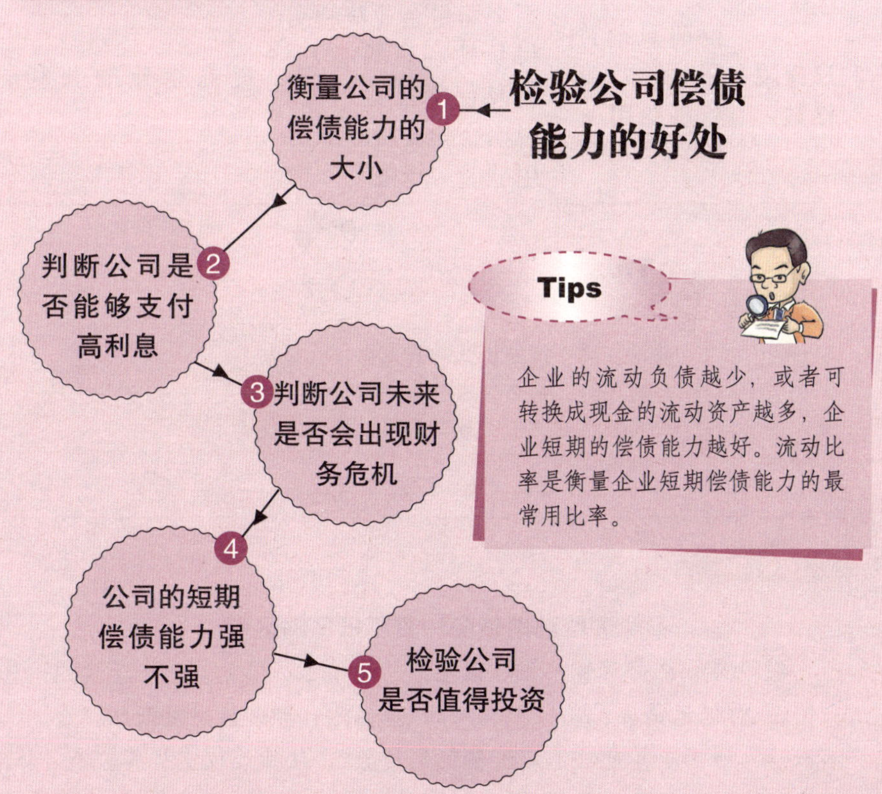

企业的流动负债越少，或者可转换成现金的流动资产越多，企业短期的偿债能力越好。流动比率是衡量企业短期偿债能力的最常用比率。

偿债能力比率有哪些？

项目	公式	意义	改善方法
流动比率	流动资产 ÷ 流动负债 × 100%	衡量企业流动资产偿还短期债务的能力。企业流动比率的标准是 2 左右	流动比率、速动比率过低，企业出现资金周转不灵。这时公司必须增加资本，偿还债务以维持经营活动
速动比率	速动资产 ÷ 流动负债 × 100%	用来测试企业的短期偿还负债的能力。速动比率在 1 时比较合适	
利息保障倍数	税前息前净利 ÷ 本期利息费用 × 100%	用来衡量企业获利支付负债利息的能力。利息保障倍数越大，说明企业支付利息费用的能力越强	提高企业的获利能力

Tips

流动比率、速动比率和利息保障倍数都是越高越好。如果这三个比率都很低，这个公司就很有可能是地雷公司，投资人投资上就要谨慎点了。

More

不能清偿到期债务和资不抵债的区别

假设某一公司总资产 150 亿元，总负债 200 亿元，下一季度内应偿还 20 亿元债务，而预期收入为 30 亿元。那么该公司虽然“资不抵债”但不能算是“不能清偿到期债务”，法律无权宣告其破产。可见欠钱的公司不一定就是垃圾股。

比较 1 流动比率

指标

流动比率 >2 →短期偿债能力良好

2> 流动比率 ≥ 1 →短期偿债能力有问题

流动比率 ≤ 1 →短期偿债能力很不理想

小故事

利华公司与大恒公司 2006—2010 年的流动比率如下：

项目	2006 年	2007 年	2008 年	2009 年	2010 年	平均
利华	342%	286%	209%	230%	320%	277%
大恒	405%	150%	231%	280%	200%	253%

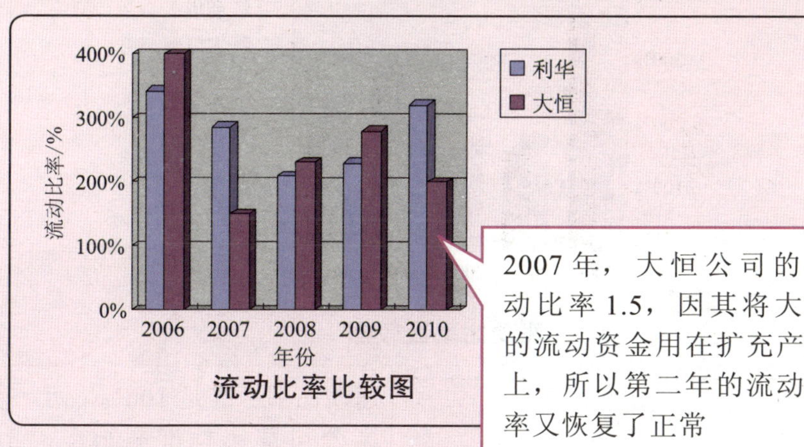

流动比率比较图

分析结果

从 2006—2010 年利华公司与大恒公司的流动比率来看，除 2007 年大恒公司低于 2 外，其余年份均高于或等于 2，这说明两家公司的短期偿债能力都良好。

比较 2 速动比率

指标

速动比率≥1→紧急偿还短期负债能力良好，不会出现财务危机

速动比率<1→紧急偿还短期负债能力差，可能出现资金周转不灵

小故事

利华公司与大恒公司 2006—2010 年的速动比率如下：

项目	2006 年	2007 年	2008 年	2009 年	2010 年	平均
利华	212%	178%	209%	223%	240%	212%
大恒	365%	150%	231%	280%	200%	245%

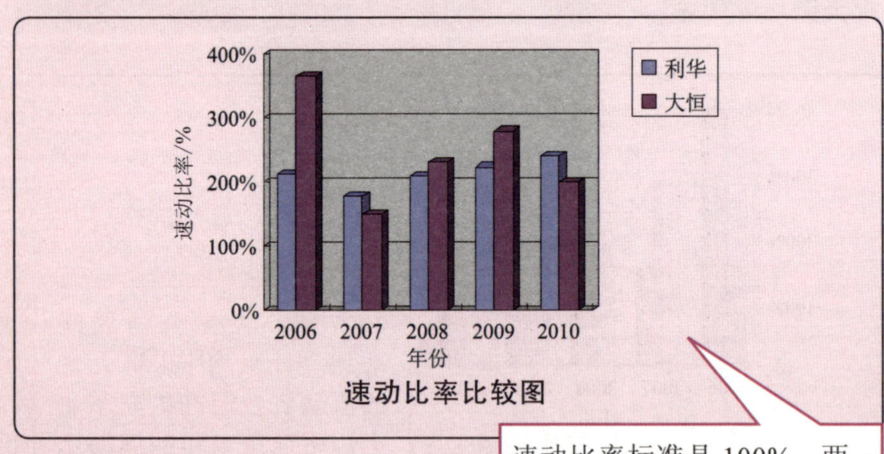

速动比率比较图

速动比率标准是 100%，两家公司都比标准高很多，说明公司资金充裕

分析结果

从表中数据来看，两家公司每年的速动比率都高于 1，表示公司的可以用来偿还短期负债的资金比较充裕，均不会出现财务危机。

比较3 利息保障倍数

指标

利息保障倍数越高→公司支付利息及偿债能力越好

利息保障倍数越低→公司支付利息及偿债能力越弱

小故事

利华公司与大恒公司2006—2010年的利息保障倍数如下：

项目	2006年	2007年	2008年	2009年	2010年	平均
利华	6	5	15	9	10	9
大恒	6	-1	13	2	8	7

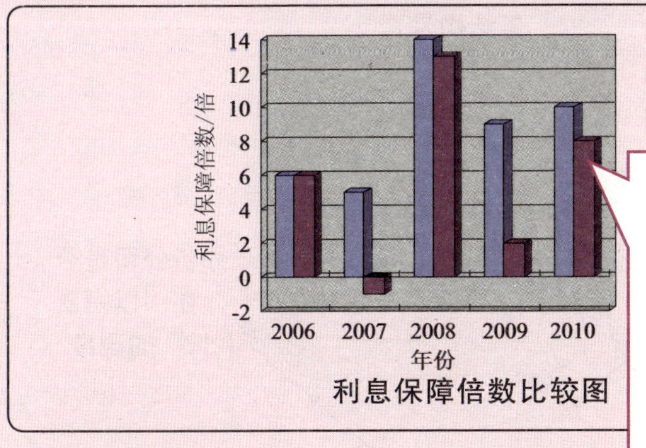

利息保障倍数比较图

以2007年为例，利华公司的获利够支付9倍的利息费用。大恒公司2007年利息保障倍数为负1倍，表示该年度大恒公司的亏损够支付一倍的利息费用了。

分析结果

利息保障倍数越高越好。利息保障倍数越高，代表公司获利越多，能够支付利息的费用越多。从2006—2010年利华公司和大恒公司的利息保障倍数来看，利华公司的利息保障倍数比较稳定，而大恒公司波动较大。利华公司的平均利息保障倍数比大恒公司大，所以利华公司比大恒公司偿还债务能力大。

怎样判断公司的财务结构是否合理

判断公司短期偿债能力关键看流动比率、速动比率，判断公司长期偿债能力关键是财务结构分析。财务结构好的公司，创造利润和承担风险的能力强。财务结构的三大比率分别是资产负债比率、股东权益比率和长期资产适合率。

观察公司财务结构的好处

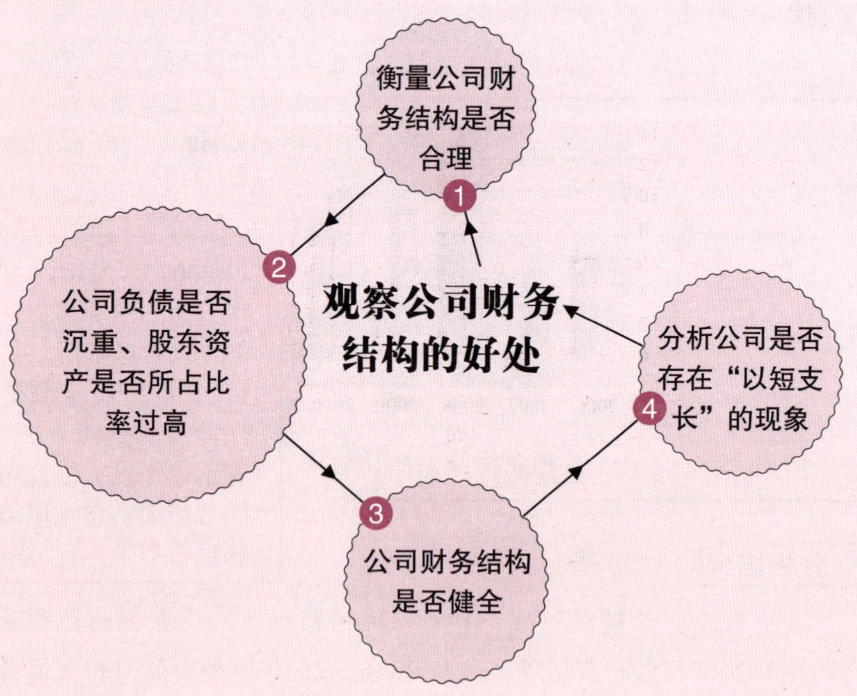

财务结构比率有哪些？

项目	公式	意义	改善方法
资产负债比率	总负债 ÷ 总资产 ×100%	负债比率越高，股东权益比率就越低，企业对债权人的保障越低。通常企业负债不超过总资产的三分之二为宜，股东权益不超过总资产的三分之一为宜	减少负债金额，增加公司资本
股东权益比率	股东权益 ÷ 总资产 ×100%		
长期资产适合率	（股东权益＋长期负债）÷ 固定资产净额 ×100%	企业是否有将短期资金支付长期资本支出的情况。比率越高，说明公司资本结构良好；过低，则说明公司的部分固定资产由流动负债承担。标准的资本占固定资产比率应大于100%	增加长期借款，或减少短期负债

More

中小企业出现财务危机的原因

中小企业容易发生财务危机的主要原因是财务结构脆弱，且缺乏财务预警机制。具体原因有：老板私人财产与公司财产交叉混乱、私自挪用财产、有“以短支长”的现象、副业亏损搞垮主营业务或过度投资等。

比较 1 负债比率

指标

负债比率越低→企业资金大部分由股东提供，债权人越有保障

负债比率越高→企业资金大部分由债权人提供，对债权人保障越低

小故事

利华公司与大恒公司 2006—2010 年的负债比率如下：

项目	2006 年	2007 年	2008 年	2009 年	2010 年	平均
利华	15%	21%	26%	32%	38%	26%
大恒	16%	20%	23%	24%	28%	22%

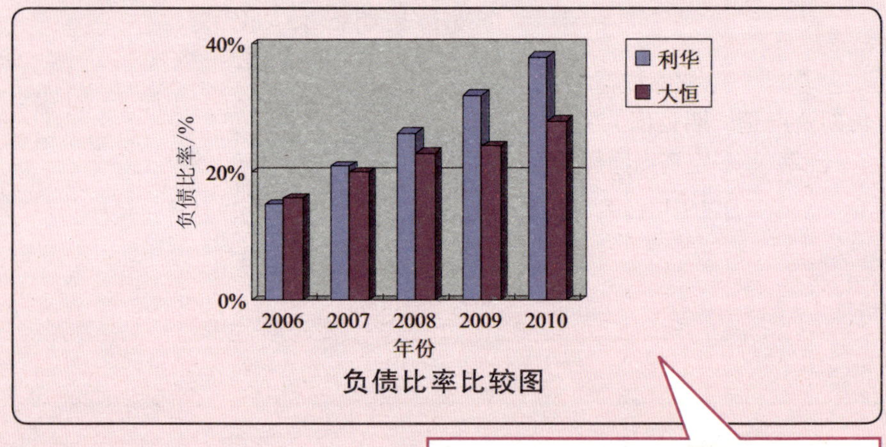

负债比率比较图

利华公司的负债比率大于大恒公司。两家负债比率均逐年增加，说明外来资金的使用量在增加

分析结果

通常企业负债不应超过总资产的三分之二。从 2006—2010 年的表格来看，两家公司的负债比率都符合标准。两家公司的负债比率均呈逐年上升的趋势，可见依赖外来资金在增加。

比较 2 股东权益比率

指标

股东权益比率越高越好→企业资产大部分由股东资产组成，对债权人保障越高

股东权益比率越低越差→企业资产大部分由债权人提供，对债权人保障越低

小故事

利华公司与大恒公司 2006—2010 年的股东权益比率如下：

项目	2006 年	2007 年	2008 年	2009 年	2010 年	平均
利华	64%	68%	77%	83%	83%	75%
大恒	76%	75%	72%	74%	78%	75%

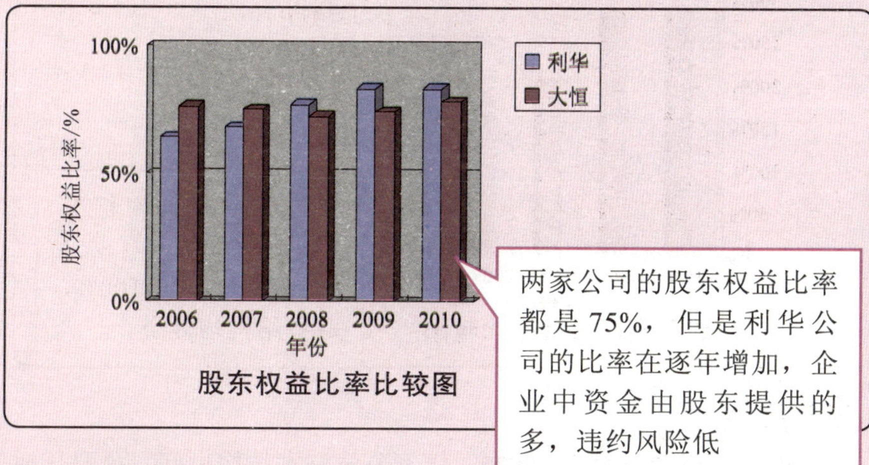

股东权益比率比较图

分析结果

通常股东权益不低于总资产的三分之一为宜。2006—2010 年，两家公司都符合标准，公司财务健全，对债权人利益保障高。

比较 3 长期资产适合率

指标

长期资产适合率≥100%→公司财务结构健全，固定资产由长期资金负担

长期资产适合率<100%→公司财务结构有问题，固定资产由流动负债负担

小故事

利华公司与大恒公司2006—2010年的长期资产适合率如下：

项目	2006年	2007年	2008年	2009年	2010年	平均
利华	120%	112%	150%	138%	156%	135%
大恒	286%	280%	200%	186%	180%	226%

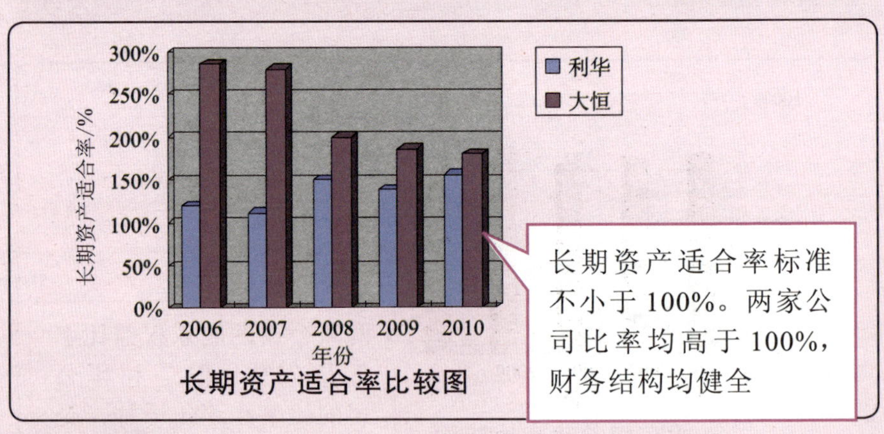

长期资产适合率比较图

分析结果

长期资产适合率大于100%，代表公司资本结构良好，公司长期资金充裕。从上表看，两家公司的长期资产适合率都高于100%，因此财务结构都很健全。但两家公司相比较而言，大恒公司可利用的长期资金更充裕些。

财务比率综合评比

计算出了各项比率后，接下来我们就可以对两家公司做一个综合评比。先准备一张评比优劣表，然后将两家公司各项比率做比较，最后代入产业状况、公司个别情形等，这样就可以对两家公司做出全面客观的评估了。

利华公司与大恒公司各项财务比率比较表

财务分析类别	各项财务比率	利华公司	大恒公司	利华该项综评	大恒该项综评
获利能力	销售毛利率	胜	败	胜	败
	营业利润率	胜	败		
	资产报酬率	胜	败		
	股东权益报酬率	胜	败		
	合计	4 胜	4败		

获利能力分析

1 比率高者，获利能力高

利华公司比大恒公司的销售毛利率高 6%，营业利润率高达 9%，资产报酬率高 4%，股东权益报酬率高 3%。由此可见，利华公司无论在成本控制、产品创新还是公司管理上都优于大恒公司。

2 行业景气与否对公司获利影响显著

例如 2006—2010 年面对激烈的行业市场竞争，两家的毛利率都在逐年下降，因此资产报酬率受行业景气与否的影响较大。

<table>
<tr><th>财务分析类别</th><th>各项财务比率</th><th>利华公司</th><th>大恒公司</th><th>利华该项综评</th><th>大恒该项综评</th></tr>
<tr><td rowspan="7">经营效率</td><td>销售毛利率</td><td>胜</td><td>败</td><td rowspan="7">胜</td><td rowspan="7">败</td></tr>
<tr><td>应收账款周转率</td><td>胜</td><td>败</td></tr>
<tr><td>应收账款周转天数</td><td>胜</td><td>败</td></tr>
<tr><td>存货周转率</td><td>胜</td><td>败</td></tr>
<tr><td>存货周转天数</td><td>胜</td><td>败</td></tr>
<tr><td>总资产周转率</td><td>胜</td><td>败</td></tr>
<tr><td>合计</td><td>5 胜</td><td>5败</td></tr>
<tr><td rowspan="4">偿债能力</td><td>流动比率</td><td>胜</td><td>败</td><td rowspan="4">胜</td><td rowspan="4">败</td></tr>
<tr><td>速动比率</td><td>败</td><td>胜</td></tr>
<tr><td>利息保障倍数</td><td>胜</td><td>败</td></tr>
<tr><td>合计</td><td>2 胜 1 败</td><td>1胜2败</td></tr>
<tr><td rowspan="4">财务结构</td><td>股东权益比率</td><td>平</td><td>平</td><td rowspan="4">败</td><td rowspan="4">胜</td></tr>
<tr><td>负债比率</td><td>败</td><td>胜</td></tr>
<tr><td>长期资产适合率</td><td>败</td><td>胜</td></tr>
<tr><td>合计</td><td>2 败 1 平</td><td>2胜1平</td></tr>
</table>

More

重视四大财务比率才能综合客观地评估公司

对一家公司进行财务分析时，应该将四大财务比率放在一起做综合比较。如果只看重公司的获利能力而不重视偿债能力，那么有可能会因投资的公司资金周转不灵而遭受资金损失。因此，分析者在关注公司的获利情况时，也不能忽略其余的三大财务比率。

营运能力分析

1 利华公司经营效率好，营运风险低

经营效率高的企业能够充分利用各种资源，因此产品竞争力强，赚钱能力强。2006—2010年，利华公司各项经营比率都比大恒公司要高。可见，利华公司在存货管理、应收账款和有效利用资产上都优于大恒公司。因此，利华公司正常营运比大恒公司要稳定、营运风险低。

2 利华公司存货及应收账款率高，对投资者和债权人更有保障

2006—2010年，利华公司平均存货周转天数比大恒公司要少10天，而应收账款少5天。利华公司发生坏账、存货损坏的概率更小。因此，利华公司比大恒公司对投资人或债权人利益更有保障。

短期偿债能力分析

两家公司的短期偿债能力均符合标准

利华公司在流动比率和利息保障倍数上都优于大恒公司，但是无论是流动比率、利息保障倍数，还是速动比率，两家都相差不是很大，均符合标准。

两家公司负债均符合标准

两家公司股东权益比率相同，但是大恒公司负债比较少、长期资本投入固定资产上比较少。因此，大恒公司可利用资金比利华公司更充裕，财务结构更稳定。

总体结论

两家公司中利华公司的各项指标都比大恒好，公司盈利能力、偿债能力强，投资风险低，预计在未来利华公司更具发展潜力。因此，投资者应该选择购买利华公司股票。

第11章

避开财务陷阱

有人说："财务报表是一家公司的脸面。"通过财务报表读者可以在最短的时间内，了解公司的财务及营运状况，进而做出投资或借贷的决定。可见，财务报表无论对公司还是投资者来说都非常重要。但是，财务报表并不是十全十美，它也有不足的地方，存在陷阱。如果报表读者误入报表陷阱中，就会导致决策上的失误。

本章教你：

- 观察公司财务预测的真实性。
- 公司是否虚增销售。
- 公司是否隐藏大量的存货跌价损失。
- 什么样的公司会成为地雷公司。
- 了解财务报表的使用范围。

本篇教你认识常见的报表陷阱，避免受到财务报表的误导。

关注调降财务预测

财务预测是企业根据自身的财务活动历史，对企业未来一年的财务活动和财务成果所做出的科学预计和测算。财务预测的主要目的在于测算各项生产经营方案带来的经济效益，为投资者决策提供可靠的依据。但是一些企业为了达到哄抬股价的目的，会故意高估财务预测，导致投资者做出错误的判断。

调降财务预测的征兆

投资人想要规避调降风险，那么最好在投资前先搜集将要投资公司的资料，筛选掉屡次调降财务预测的公司。另外，可以在公司调降财务预测之前，卖出股票，以降低投资风险。

1 上半年实际的营收不足财务预测的 40%

投资者应该每个月定期查看上市公司上个月的营收数字。如果半年的营收还不及财务预测的 40%，或者三个季度的营收不到财务预测的 60%，那么投资者可以考虑提前卖掉股票，以避免投资损失。

2 过去半年内有高估财务预测的记录

由于我国法律并不限制调降财务预测的次数，也没有明确规定对蓄意调降财务预测的企业做怎样的处罚。因此，一些上市公司为达到哄抬股价的目的而恶意操纵财务测算。投资者应先观察想要投资的公司是否有调降财务

Tips

财务预测调降（升）的四大高峰期分别是：每年的 6 月底 7 月初、8 月中下旬、10 月底和圣诞节前后。

预测的记录。对于过去有调降财务预测记录的公司，应该慎重投资。

③ 同行宣布调降财务预测

如果同行有公司出现调降财务预测的情况时，你就得注意自己投资的那家公司是否也会出现调降财务预测的情况。因为商品差别不是太大的两家公司，除非出现特别原因，否则不会出现一家大赔、一家大赚的情况。

Tips

上市公司调降财务预测的四种原因：

1. 认列投资亏损。
2. 提列存货跌价损失。
3. 资金兑换损失。
4. 应收账款坏账损失。

④ 财务报表申报缓慢

一般情况下，营业正常的公司不会无缘无故地将申报财务报表的时间延后，因为这样会受到处分。对于延后财务报表申报日期的企业，投资人应仔细分析这家公司是否获利能力不强。

More

上市公司什么情况下会调降财务预测？

上市公司在以下三种情况时，会调降财务预测：

1. 发生重大的不可抗力事件时（比如地震、火灾、水灾等）。

2. 受大行业景气影响，如受2008年金融危机影响，某些公司调降财务预测。

3. 同行业中某个公司出现重大的技术创新，致使同行业中的其他公司库存积压过多，不得不调降财务预测。

以上三种情况中，前两种情况下公司普遍出现调降财务预测，而后一种情况则是个别公司出现调降财务预测。

分公司吃货的财务陷阱

一些公司为吸引投资者加码投资会故意美化财务报表，公司会销售给海外的分公司来增加销售收入。但是销售给海外公司的货物，大多会成为存货，等到期末总公司将这笔销售收入从账中扣除。这就使得公司季报和半年报账面美观，而最终年报营收情况很不乐观。投资者应注意这种情况，避免投资损失。

分公司吃货对财务报表的不良影响

1 虚增总公司盈余

总公司将大量的货物出售给分公司，造成总公司账上盈余增加，但是当期末分公司无法将货品出售给客户时，总公司就要对这笔资金冲销掉。这样看来分公司吃货只是虚增总公司的盈余而已。

2 总公司应收账款品质不佳

总公司将货品出售给分公司，在商品出口时，总公司就将其认列到应收账款中。而这部分出售货品大多只会成为分公司的库存，最后只能向总公司退货，总公司账上多数应收账款会因退货而取消。这种情况就导致总公司的应收账款品质不佳。

3 分公司的存货可能产生跌价损失

总公司出售给海外分公司的货物，因耗费在路途上时间不短，可能会在这期间出现跌价损失，或者未出售的存货也可能出现跌价损失。

怎样防范分公司吃货

1 分公司应收账款所占比例偏高

一般情况下，分公司在总公司的应收账款中所占比例不会过高。如果公司的财务报表中的应收账款大部分来自分公司，那投资人就应该注意这家公司是否有虚增营收的嫌疑。

防范方法

从资产负债表中，找到应收关系人款项和应收账款，然后将两项相加算出总应收账款，最后用应收关系人款项除以总应收账款，得出应收关系人款项所占比值。这个比值大于或等于80%，那么这家公司就很可能在利用分公司吃货恶意虚增营收。

2 应收账款天数过长

总公司财务报表中分公司的应收账款时间过长，那很有可能就是分公司在吃货。

防范方法

应收账款正常情况下半年之内收回，如果超过半年该公司就有分公司吃货的可能。

3 特别注意防范电子行业的分公司吃货

电子商品更新非常快，短时间内就可能出现跌价。如果分公司有滞销的情况，那母公司很可能会出现坏账或者存货跌价损失，投资者对于电子行业的分公司要特别注意。

防范方法

应收关系人款项所占应收账款超过80%的，或者应收账款天数超过半年的公司，投资者应慎重考虑投资。

购买的股票会不会成为地雷股

运转不灵或者面临倒闭的公司发行的股票就叫地雷股。投资者都愿意买到获利能力好的公司股票，但可能会因无意间买到地雷股而遭受资金损失。那么如何辨别公司是不是地雷公司、手里的股票会不会成为地雷股？这只需你了解地雷股的特征就能有效地避免了。

地雷股特征

1 近期有大笔的负债到期

遇到有一年内到期的债务且现金不足以支付债务的公司，投资者就应分析这家公司的筹资能力，如果筹资能力不好，那么这样的公司就有可能成为地雷公司。

判断诀窍

观察公司短期负债金额是否高于速动资产。若速动比率小于100%，公司很可能会因资金周转而倒闭。

2 偿债能力不佳

投资者应注意公司负债多不多？公司的偿债能力好不好？若公司的负债比例小于100%，那么表示这家公司负债沉重，公司可能存在严重的财务危机。

判断诀窍

负债比率大于100%，说明企业资产还不够偿债；负债比率小于100%，说明公司有能力偿还债务。一般负债不超过总资产的三分之二为宜，如果负债比率超过67%，公司很可能在偿债能力方面有问题。

3 存货及应收账款过多

地雷公司爆发前都有的一个征兆，那就是存货数额和应收账款金额过高。公司存货过多，可能是产品不具有市场竞争力，从而造成销量下降所致。存货过多，也有可能使公司遭受跌价损失。如果应收账款过高的话，可能是分公司吃货，造成总公司营收增加的假象。

判断诀窍

观察公司的应收账款周转天数是否过长？周转天数超过 180 天的公司很有可能存在虚增盈余。

4 大股东质押股权过高

大股东将股票质押到银行，借取更多的资金投资股市，以此来炒高股票价格。等到股市下降时，大股东为了不使自己资金遭受损失，会将公司资金抽空，这时投资者会遭受巨大损失。

判断诀窍

法律规定大股东质押股权必须公告，投资人可以上网查询公司是否有大股东质押股权，以此来判断公司会不会成为地雷公司。

More

财务报表附注的重要性

财务报表用数字表达公司的财务情况，但有部分重要资讯无法用数字表达，就在财务报表附注中披露，其中包括关系人交易、借款担保、重大资产购置等等。因此，投资者应仔细阅读财务报表附注，全面了解公司财务状况。

财务报表的不足

财务报表可以全面系统地揭示企业一定时期内的财务状况，但是财务报表也有不足之处，只有了解它的不足后投资者才会减少错误投资。

财务报表的局限

1 时间落后

上市公司财务报表公布比较缓慢，上半年的财务报表要在两个月后才能看到；年报表在隔年 4 月份才能看到，所以这期间投资者无法获知上市公司的运营状况。

2 无法反映产业前景

公司的财务报表只能反映公司当期的营运状况，并不能反映公司未来的获利前景。投资者想要知道公司获利前景好不好，得主要观察公司产品生命周期的长短、行业是否景气、产品是否具备市场竞争力等，只有对这些资料进行综合分析才能做出判断。

3 虚假的财务报表

会计师以抽样调查的方式，对所有上市公司财务进行推估，因此可能会存在一些会计师未查出的虚假账目，所以投资者观察这家公司的诚信度是否良好也很重要。

如何减少财务报表不足而造成判断错误

尽管财务报表有时间上滞后、无法反映前景和有表达不实可能的缺陷，但是作为投资人判断的依据，它还是必不可少的。掌握下面几种方法，将使你不会因财务报表不足而造成判断失误。

弥补财务数据不足的方法

1 多搜集有关上市公司的信息

投资者可以到网上或者找公司负责人等多方面了解公司的相关信息。另外，多关注公司新产品资讯、大股东转让股票的信息等。

2 掌握影响公司营运的关键因素

影响公司营运的关键因素是产能，公司的产能利益率小于70%，则公司营运亏损。

3 注意财务报表附注

一些无法用数字表达的重要资讯，公司都会在财务报表附注中进行披露，投资者只有阅读了财务报表附注，才能全面地了解公司的财务状况。

财务报表附注

一、公司基本情况

青海华新冶炼有限责任公司于2003年8月27日登记注册，取得西宁市湟源县工商行政管理局第630122100000300号营业执照。公司注册资本为人民币3000万元，公司经营范围为：金属镁、电石、高碳铬铁、硅铬合金，中、低微碳铬铁、工业硅。（凭许可证经营）自营和代理各类商品和技术的进出口，但国家限定公司经营或禁止的商品和技术除外。

二、公司主要会计政策、会计估计

1．会计准则和会计制度

本公司执行《企业会计准则》和《企业会计制度》。

2．会计年度

本公司采用公历年度，即每年从1月1日起至12月31日止。

3．记账本位币

本公司以人民币为记账本位币。

4．记账基础和计价原则

本公司以权责发生制为记账基础，资产取得时以历史成本为计价原则。

5．现金等价物的确定标准

本公司持有的期限短（指从购买日起三个月内到期）、流动性强、易于转换为已知金额现金、价值变动风险很小的投资作为现金等价物。

6．存货核算方法

（4）公司存货包括原材料、低值易耗品、自制半成品、产成品；

（5）原材料按计划成本核算，期末分摊材料成本差异调整为实际成本；

（6）存货购进按实际成本进行核算，发出和领用存货时采用加权平均法计价。低值易耗品在领用时采用一次摊销法摊销；

7．固定资产及累计折旧的核算方法

公司固定资产标准为使用年限在一年以上，单位价值在2,000元以上的房屋建筑物、机械设备、运输工具以及其他与生产经营有关的设备、器具、工具等。

④ 确定数据的连续性、稳定性及成长性

一个好公司在行业景气平稳的情况下，多项数据应该保持其连续性、稳定性及成长性。假如某一数据变化太大，如果没有消息表明公司短期出现重大变动，就应该提高警惕。

⑤ 关注公司计划完成情况

一般来说，公司预测计划相对保守，如果不能完成计划或超额完成计划太多，则表示公司此时期对市场预测不准确。公司管理层能力不足。

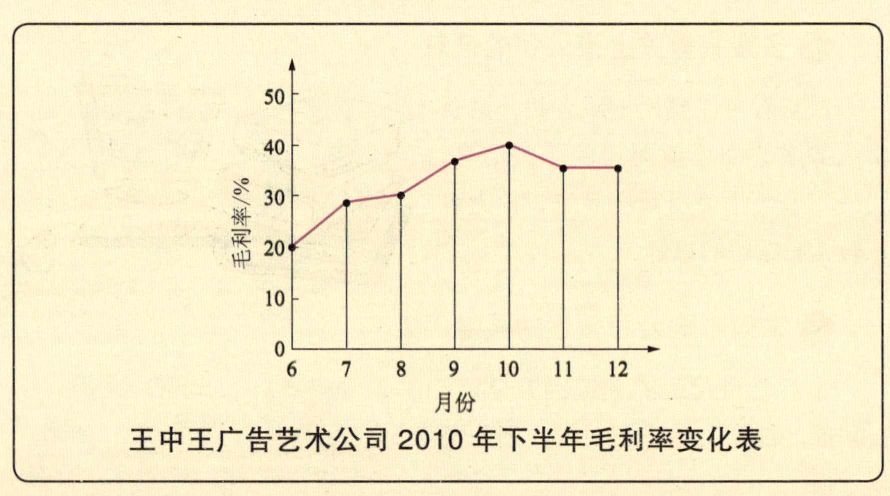

王中王广告艺术公司 2010 年下半年毛利率变化表